书香成都 · 全民阅读读本

九天开出一成都

朱晓剑　杨不易　林赶秋　著

成都时代出版社
CHENGDU TIMES PRESS

九　天　开　出　一　成　都

图书在版编目（CIP）数据

九天开出一成都 / 朱晓剑，杨不易，林赶秋著. --
成都：成都时代出版社，2018.6（2018.11 重印）

ISBN 978-7-5464-1805-6

Ⅰ. ①九… Ⅱ. ①朱… ②杨… ③林… Ⅲ. ①文物–介绍–成都 Ⅳ. ① K872.711

中国版本图书馆 CIP 数据核字（2017）第 056570 号

九天开出一成都
JIUTIAN KAICHU YICHENGDU

朱晓剑　杨不易　林赶秋　著

成都市文化广电新闻出版局支持项目
出 品 人　李文凯
责任编辑　李　佳
责任校对　张　巧
装帧设计　上易堂 028-86089658
责任印制　唐莹莹

出版发行　成都时代出版社
电　　话　（028）86742352（编辑部）
　　　　　（028）86615250（发行部）
网　　址　www.chengdusd.com
印　　刷　四川华龙印务有限公司
规　　格　140mm × 210mm
印　　张　6
字　　数　110 千
版　　次　2018 年 6 月第 1 版
印　　次　2018 年 11 月第 2 次印刷
书　　号　ISBN 978-7-5464-1805-6
定　　价　38.80 元

目录

第一章

古蜀：栖居于川西平原

第一节　成都先民从何而来

◎看文物

邵之飤鼎
战国，成都新都区
马家战国墓出土

盖内有铭文“邵之飤鼎”四字，乃春秋战国楚地流行的字体，“邵”极可能就是楚国贵族三大姓之一的“昭”。该鼎的器物形态与湖北江陵望山楚墓出土的铜鼎器物特征也基本相同，说明它是楚器。

◎读成都

对整个中国版图而言，山环水绕的西南蕴藏着一个丰盈的平原，平原上安放着一个深厚的成都，真有一种天造地设的别致与大美。

说到深厚，首先是成都范围内建造城池的历史。大约4500年前，就有人开始在成都平原上修建城市。城市的修建是文明形成的重要标志之一，一座又一座古城相继重见天日，有力地证明了：早在四千多年前，广袤的成都平原上便初露了文明的曙光。

近些年来，考古工作者在成都市郊发现了多座古城遗址。在这些星罗棋布的古城之中，宝墩古城修建时间最早，最具代表性，因位于新津县城西北的龙马乡宝墩村而得名。在城址内，发现了大量的石器、陶片、房基和墓葬。原先的城墙至今残存高度4米左右，顶宽7.3至8.8米，墙脚宽29.3至31.1米；上窄下宽，横截面呈梯形，两侧为缓坡。其建筑方法是在城外侧取土，取土区域形成壕沟，接着在地面起建，采用斜坡堆筑法，在堆土的同时进行拍击、夯打。根据考古发现的板夯和棍夯痕迹推测，其夯筑工具为板、棍等，以板为主。

而房基之大，则要数郫都区三道堰古城遗址腹心地带发现的一所房子，平面呈长方形，长约 51.5 米，宽约 10.7 米，面积约 551 平方米，房子中间有五个等距离排列的台子，由卵石垒砌而成，自东往西有规则地排列。卵石周围挖有基槽，槽内埋设圆竹作为护壁，护壁内填卵石筑台，护壁外很可能还抹了泥。规模之宏伟，工艺之考究，形制之独特，令今人也惊叹。大家都很好奇，这么早、这么宽敞的一所房子当初是干什么用的？专家推断，它有可能是上层人物的居所，或者属于宗庙一类建筑，是古城及附近居民举行祭祀祖先等大型礼仪活动的“大厅”。

为什么偏要建五个台子，而不是六个或其他数目？这些居民到底是些什么人，又从何而来呢？

生活在成都及其附近地区的早期居民，历史上统称“蜀人”。跟秦始皇那时候一样，我们这些现代的成都人乃至全体中国人仍普遍以“6”为吉利数字，但蜀人却有所不同，他们比较崇尚“5”这个数字。这种“以五为尚”的宗教信仰及其崇拜观念，简称“尚五观念”。

毫无疑问，跟成都博物馆“花重锦官城——成都历史文化陈列·古代篇·九天开出一成都——先秦时期的成都”展厅（以下简称“成博先秦馆”）展览的“新都马家战国墓五件套铜器”一样，三道堰古城遗址“大厅”中的五座石台，也是蜀人“尚五观念”的体现。新都马家战国墓虽然很早就遭盗掘，但椁室中部下面的木构腰坑中的器物尚保存完好，出土青铜器共计20多类188件，有鼎、敦、壶、豆、釜、甑等饮食器，戈、矛、钺、短剑等兵器，削、凿、印、锯、雕刀等工具，其组合相当特别，多以五件成一组，五组成一式：五把曲柄匕首，五个兽纹矛头，诸如此类，都是一模一样。像如此大小有序，组合严谨的青铜器，迄今为止，在四川巴蜀文化出土的葬墓中，仅此一例。更奇妙的是，这批青铜器保存程度良好，大部分器物仅是表面局部轻微氧化变黑，而分别盛在两个铜罍内的铜工具和铜兵器仍旧金光闪闪，毫无锈蚀的痕迹。这是四川出土的战国时期青铜器中保存质量最好的一批，在全国同时代的墓葬中，青铜器保存得如此之好，也实属罕见。

同个展厅的“彭县竹瓦街铜器窖藏”资料显示，1959年在今彭州濛阳镇竹瓦街发现的商周铜器窖藏之内，不多不少，也刚好出土了铜罍[①]五件。中原地区贵族丧葬的陪葬品规模遵循着所谓的“列鼎制度”：天子用九鼎，诸侯用七鼎，大夫用五鼎，士用三鼎或一鼎。竹瓦街窖藏罍大小、形制、纹饰大体相似，可视为“列罍”。列罍与列鼎性质

① 罍，是一种盛行于商周时期的容器，用以装酒或水。外形似壶，或圆或方，小口、广肩、深腹、圈足，有盖，肩部有两环耳，腹下又有一鼻。大的罍可以装一斛酒水，也就是十斗。

雷同，也是身份地位的象征。能够拥有高规格列罍的墓主，应该是蜀人的君王。

相传，蜀人和楚人都有一个共同的祖宗，那就是中原“五帝”之一的颛顼。黄帝有个儿子叫昌意，颛顼就是昌意的直系后裔。也就是说，蜀、楚的远祖都是黄帝。有趣的是，蜀王的其中一位竟自称是楚人，我们后面会专门讲他。

成都新都区马家战国墓出土了五件一组的列鼎，是古蜀青铜器吸收外来礼制的一个典型，也是蜀和楚、蜀和中原有文化渊源与交流的一个铁证。列鼎之一的盖内有铭文“邵之飤鼎”四字，乃春秋战国楚地流行的字体，“邵”极可能就是楚国贵族三大姓之一的“昭”。该鼎的器物形态与湖北江陵望山楚墓出土的铜鼎器物特征也基本相同，说明它是楚器。其余四个鼎则是仿铸，无论纹饰，还是铸造工艺，都大为逊色。

蜀人一族最初生活在成都平原以西的蜀山，即现在岷江上游的岷山之中，主要靠采集天然食物和狩猎鸟兽来维持生活。后来逐步迁出深山，来到今都江堰市一带。这里处于岷山与成都平原交接处，既可上山采集狩猎，又可下河打鱼捕龟，蜀人有条件获得更丰富的食物。再后来，他们进一步向成都平原的腹心地带迁移，抵达今温江区鱼凫村附近。那时，平原地势低洼，河流纵横，湖沼遍布，有利于蜀人改进和提高渔猎技术，乃至修造和驾驶木船的技能。

西周中期，蜀人在郫邑（郫都区古城镇）建立都城，开始务农，成都平原由此跨入了农耕经济时代。随着经济的发展，蜀王朝步入了鼎盛时期，其管辖的范围，北达今陕西省汉中市，南抵眉山市青神县，西至雅安市芦山县、天全县，东临嘉陵江边，成为西周时期南方地区的一个强国。蜀王朝和中原地区始终保持着较为密切的联系，双方经济文化的交流、碰撞、融合，进一步促进了蜀地的繁荣。春秋初年，蜀国疆域更加恢宏，王权更加集中，各项制度逐渐建立并日臻完备，国势进入全盛时期，一跃成为西南地区首屈一指的大国，最终定都于成都。从此以后，成都就一直是川西地区的政治、文化、经济和对外交流的中心。

◎多知道一点

“蜀”的由来

“蜀”字虽然很早就出现在殷墟甲骨文里，如“蜀其受年”“征蜀”“于蜀”“至蜀”“至蜀有事”“蜀御”“蜀射”“在蜀”“示蜀”等等，但极可能都是指山东之“蜀”。《左传·宣公十八年》云“楚于是乎有蜀之役”，杜预注：“蜀，鲁地，泰山博县西北有蜀亭。”

直到《战国策》《史记》等文献并称“巴蜀”、连言“苴蜀”（苴就是“巴”，今重庆），才能真正确定为四川之“蜀”。1987年四川青川出土的，公元前238年制造的铜戈铭文中有“蜀守……成都”等词，此“蜀”也指四川无疑。诸如此类目前已知的资料表明，四川被称为“蜀”，大概始于战国秦惠文王年间（前356年—前311年）。

第二节 古蜀王与巴蜀图语

◎看文物

巴蜀图语铜勺
战国，成都三洞桥出土
（成都博物馆供图）

直径 8.4 厘米，把长 7.3 厘米，勺面饰有龟、鸟、鱼及另外两种图像。这五个图像中，龟的位置居中且图像最大，最小的图像极似蝌蚪。它们所对应、体现的并非某种动物实体，而是抽象的指称、地位、影响力等，所以称之为“图语”，即一种图形文字。

◎读成都

众所周知，唐代大诗人李白有一首著名的乐府长诗《蜀道难》，开头几句这样写道：“蚕丛及鱼凫，开国何茫然！尔来四万八千岁，不与秦塞通人烟。西当太白有鸟道，可以横绝峨眉巅。地崩山摧壮士死，然后天梯石栈相钩连。”这简单、夸张而奇美的诗句，艺术地浓缩了古蜀悠久的历史、瑰丽奇异的传说与险要的地貌。

与蜀人的尚五观念相吻合，整个先秦蜀王的历史，恰巧由蚕丛、柏灌、鱼凫、杜宇、开明五个王朝前后相续而组成，五代而终。为蜀开国、率先称王的是蚕丛，紧接着是柏灌王、鱼凫王，此三代史料不详，离唐朝又非常遥远，所以李白有“茫然”之叹。“蚕丛及鱼凫”，就是从第一代到第三代，乃是蜀族发祥、迁徙、逐步挺进成都平原之际，那时相对保守而闭塞，少和外界往来，正所谓“不与秦塞通人烟”，“四万八千岁”只是形容其时间很漫长而已，不能看作实数。“西当太白有鸟道，可以横绝峨眉巅。”暗示的是第四代蜀王杜宇的疆域超前，已抵达太白山[①]、峨眉山一带，这与西晋文学家左思《蜀都赋》的描述基本一致："抗峨眉之重阻。"（顺便说说，抗峨眉之重阻的前一句是"带二江之双流"，今天成都双流区便由此而得名）至于"地崩山摧壮士死，然后天梯石栈相钩连"，则为蜀国最后一个王朝——开明王朝的传说故事。

我国现存最早、最完整的一部地方志《华阳国志》中记载的第一代蜀王名叫"蚕丛"。传说他的眼睛是竖着的，即所谓"纵目"，具体的样子可参看成博先秦馆那个三星堆"铜人头像"：刀状长眉，杏形立眼，眼睑线下垂。他生前居住在岷江边的"石室"（一说就是阿坝州茂县那种羌族碉楼）之中，死后殓葬于石质棺椁之内，因此，普通蜀人也效法着修造石棺、石椁，后世都说拥有石棺椁的墓是纵目人的坟冢。成博先秦馆展览的"茂县牟托一号墓"发现于 1992 年，是近年来川西北岷江上游发现的规格等级较高的墓葬。该墓葬具即为石棺，石棺以大石板码砌于墓坑内而成。墓中出土的铜罍及青铜兵器等均带有蜀文化色彩，兴许就是蚕丛一代的遗物。

第二代蜀王名叫柏灌。关于他的具体事迹，《华阳国志》中没有只言片语。但在成都温江区寿安乡长春村，历

① 在陕西省眉县、太白县一带。

代相传有一座柏灌王墓。墓的附近有一座“八卦山”，据说这“八卦”二字也是“柏灌”的讹音。都江堰市旧时称为“灌县”，这个可能也与柏灌有关。

第三代蜀王叫作鱼凫。四川话称成都平原为“川西坝子”，坝子上的人们称鱼鹰为“鱼老鸹”，也就是杜甫当年在重庆看见的乌鬼。因为它擅长用嘴在河里抓鱼，样子有点像鸭子，而鸭子又叫凫，所以古人唤作鱼凫。成博先秦馆展览的金沙遗址商周“陶鸟头勺把”正是鱼老鸹头和颈的形象。“鱼凫”很可能就是中国最早的一个把鱼老鸹养家后用来捕鱼的部落，其首领也称“鱼凫”。传说鱼凫王在湔山[②]打猎时得道成仙，蜀人修了一座祠堂纪念他。

第四代蜀王名为杜宇。他教导人们发展农业生产，人们尊他为“杜主”。他娶了一个云南美女作妃子，随后将国都移到了一个叫郫的地方，也就是今天的郫都区。这时的国界最远到峨眉山，于是他开始称帝，名曰“望帝”。

望帝末年，发生了大洪水，蜀地成了一片泽国。蜀相鳖灵率领人民凿开玉垒山，水患才得以解除。望帝见鳖灵能力很强，便把国家的政务全权委托给他。不久，又效

---

② 湔山，在今都江堰市内。

法尧舜禅让故事，将帝印也传给了鳖灵。相传望帝退隐，回到岷山祖庭，死后魂魄变成了杜鹃鸟。每年农历二月，听到杜鹃鸟儿啼叫，蜀中百姓就会想起杜宇王，黯然而神伤。

鳖灵顺利登上帝位，号曰“丛帝”，从此拉开了开明王朝的序幕。这个“开明”也许既是为了纪念开山泄洪的伟大业绩，亦是对蜀国未来有所期许吧，又或者是对太阳的礼赞——拨开云霾，洒下光明。无论如何，总算不负此一美名，王朝先后传续了整整十二世，并在中后期将国都定在了今成都市区之内。

既然蜀国传了五代，历程不可谓不长，究竟有没有自己的文字和礼乐制度呢？答案是肯定的。《华阳国志》记载：开明九世，去帝号，重新称王，并开始建立宗庙，把酒叫作“醴”，把音乐叫作“荆”，喜欢并崇尚红色。从这条史料中可以看出，到了开明九世时，古蜀国在礼乐文化制度上进行了改革，建立起一套为巩固国家政权所必需的宗庙祭祀制度。酒与乐，都是宗庙祭礼中的必备品。中原商代就有了名叫“醴”的甜酒，开明九世“以酒曰醴”，表明古蜀地区不甘落后，也能生产醴类美酒。广汉三星堆、彭县青铜器窖藏、新都战国墓等遗址出土了舀酒的陶勺和大量尊、罍等地方色彩浓郁的青铜酒具，都是同时期古蜀酒文化的实物证据。

西汉文学家扬雄撰有《蜀王本纪》传世，其中认为古蜀“不晓文字，未有礼乐”，显然是不符合史实真相的，因为他没有条件看到刻有“巴蜀图语”的出土文物。成博先秦馆展览的“巴蜀图语铜勺”是众多相关文物中比较精美的一件，出土于成都市三洞桥，直径8.4厘米，把长7.3厘米，勺面饰有龟、鸟、鱼及另外两种图像。这五个图像中，龟的位置居中且图像最大，最小的图像极似蝌蚪。鸟和鱼分别位于龟的左右两侧上方，另两种图像则在龟的左右两侧、鸟和鱼的下方。这五种图像的大小、比例跟它们所代表的实物并不相符合，说明它们所对应、体现的并非某种动物实体，而是抽象的指称、地位、影响力等，所以称之为“图语”，即一种图形文字。该铜勺年代为战国，正当开明王朝时期。由此推测，这里的龟或鳖指的可能就是开明一世鳖灵，鸟和鱼大概兼指杜宇和鱼凫，这些图像应是古蜀人图腾崇拜与祖先崇拜相结合的产物。

◎多知道一点

巴蜀图语是啥

巴蜀图语多数是实物图像，既没有动词、形容词和连接词，也没有数目字，还不能构成文句，只是看图解寓意的符号，或为一种失传的拼音文字。

图语为巴、蜀二族所独有，与中原文字系统大相径庭。以战国时期为例，秦国通用的“大篆”之外，又有所谓“六国古文”，是齐、楚、燕、韩、赵、魏等国文字的合称。这些国家的文字互有不同，其笔画屈曲，或形如蝌蚪，或貌似鸟虫，释读也不易，但都比图语有逻辑。

第三节　战时干戈，闲时蚕桑

◎看文物

蚕纹铜戈

战国，成都交通巷印刷厂工地出土（成都博物馆供图）

铜戈尚未锈蚀，纹饰丰富，制作精良。戈柄两面正中装饰有蚕形图案：方头、圆眼、身体上直下曲，作蠕动状，四周的圆点可能代表桑叶或蚕沙一类物质。戈的外环饰有几何纹和云雷纹。

◎读成都

古代国家日程中有两件大事，一是祭祀，一是战争。蜀国当然也不能例外。

蚕丛、柏灌、鱼凫、杜宇四代，有没有对外发动战争，或者被动抵御外来入侵，史无明文，我们也不好瞎猜胡说。不过从三星堆金杖与金沙金带上造型一致的贯穿鱼、鸟的箭羽（各四支）来推测，古蜀这四代之内肯定已会使用弓箭，如果放到战事之中，无疑是很有震慑力、很占上风的。

进入春秋战国时期，开明王朝与周边国家的战争频仍，是有史料可查，有文物可证的。《华阳国志》记载，从帝鳖灵的儿子继承了他的帝位，号称“卢帝”，是为开明二世。卢帝尚武好战，曾一度攻打秦国，打到了它的都城“雍”①。这次军事行动发生在秦德公二年（前676年）。蜀国应该是从汉中起兵，而其军事指挥中心或许就设在葭萌②，故能顺利进攻至雍地。此时秦国已是春秋五霸之一，可见开明王朝兵力之强大、之威猛。开明三世为“保子

① 雍，今陕西凤翔县南。

② 葭萌，今广元市昭化镇。

帝”，他也不示弱，南攻青衣[③]，臣服僚僰。保子帝一举拿下青衣，并使僚、僰等部族乖乖归附于他。

另据《史记》记录，公元前387年，大约相当于开明九世之际，在与秦国的抢夺战中，蜀国最终占领了“南郑”（陕西省汉中）。至此，蜀王完全掌控了巴蜀之地，并定都于成都。公元前377年，大约在开明十世，蜀又向东伐楚，攻占了“兹方”[④]。楚国不敌，只好退守“扞关”[⑤]之后消极抗拒蜀军。成都地区墓葬遗存中大量出土青铜兵器，即是这一时期蜀国“尚武”史实的反映。

以成博先秦馆展览的一件战国“蚕纹铜戈”为例。1975年在成都交通巷印刷厂工地出土了四件不同形式的铜戈，其中一件尚未锈蚀，纹饰丰富，制作精良。该铜戈戈柄两面正中装饰有蚕形图案：方头、圆眼、身体上直下曲，作蠕动状，四周的圆点可能代表桑叶或蚕沙一类物质。戈的外环饰有几何纹[⑥]和云雷纹[⑦]。几何纹和云雷纹经

---

③ 青衣，今雅安市芦山，此地受古代民族部落“青衣羌”的管辖，一直未纳入蜀国版图。

④ 兹方，今湖北省松滋。

⑤ 扞关，古代蜀、楚通道上的名关险隘。

⑥ 几何纹，一种原始的装饰纹样，因其是以点、线、面组成多种有规则的几何图形而得名。

⑦ 云雷纹，青铜器上一种典型的纹饰，基本特征是以连续的“回”字形线条所构成：有的作圆形的连续构图，单称为“云纹”；有的作方形的连续构图，单称为“雷纹”。

常作为青铜器上纹饰的地纹，用以烘托主题纹饰。这件铜戈的主题纹饰就是蚕纹，繁复的几何纹和云雷纹只扮演打底和陪衬的角色。

整体而言，该戈纹饰线条很流畅，刻划极为细腻，工艺水平非常高，充分反映了古蜀经济、艺术、铸造乃至蚕业的发达。有人觉得，这件蚕纹铜戈太过精美，有可能并不用于实战，而是作为氏族图腾崇拜、民族首领的标志或保护氏族的神。但这只是一种猜想，同馆展览的那件出土于三星堆遗址一号祭祀坑的“玉戈”不用于实战，才真正可以确定，因为玉容易碎，又不够锋利，是经不起干戈碰撞的，根本不是金属兵器的对手。

说到古蜀兵器，不得不提一件青铜矛，即成博先秦馆展览的“成都矛”。矛上铭文有“成都”二字，有可能就是成都制造的。1985 年，它出土于雅安荥经县同心村一处战国船棺墓中。如果不是有“成都”二字，完全可以仿照“蚕纹铜戈”将其命名为“虎纹铜戈”。为什么？因为显而易见，其弓形双耳间的骹面上铸饰有一只浅浮雕虎像，一面铸虎的头顶和前驱，另一面铸虎头的下颚。从矛的侧面，参观者可以清楚看到虎像的全貌，面露凶相，威猛无比。虎头硕大，身躯长如蛇，蜿蜒至骹的另一面，老虎的长舌则由骹的前部和刺叶取代，虎口大张，露出獠牙，瞪目竖耳，让人不寒而栗。无独有偶，2017 年，在清理成都市蒲江县出土的战国船棺墓文物时，一把沾满淤泥与杂物的青铜矛跃入了考古人员的视野，细细洗刷后，发现矛身的中间也刻有“成都”二字。

在不打仗的闲暇时光，蜀人则操耜[⑧]养蚕，从事生产。成博先秦馆有一件“木耜”，出土于金沙遗址，年代为商周，就是古蜀的遗物。在商代的甲骨文中，“蜀”是个象形字，其本义指的是野蚕。蜀的开国之王又叫“蚕丛”，传说他常常穿着青衣巡行在田野上，教民养蚕。这些都是有意味的，说明古蜀国在蚕丛时期便已开始养蚕、缫茧制丝，兴起了原始丝的纺织手工业。这可是划时代的大事件，人类在没有丝麻的时候，充其量只能穿鸟羽兽皮，一旦掌握了缫茧制丝的工艺，才有了名副其实的衣服。而衣的重要，丝毫不亚于食、住、行。正因如此，古蜀人才以“蜀”来命名其族其国，以表示对蚕的感恩。

⑧ 耜，古人耕种时用于起土翻土的农具，又称“手犁”。

◎多知道一点

冷兵器的矛

矛是一种纯粹的刺杀兵器。其构造简单，只有矛头、矛柄两部分。

矛头又分为“身”和“骹”两部分。矛身中部为“脊”，脊左右两边展开成带刃的矛叶（上文的“刺叶”即是），并向前聚集成锐利的尖锋。有的脊两侧带凹槽，称“饮血”，为矛头刺入人体时出血进气，以减少阻力。“骹”是用来连接脊的直筒，下粗上细，便于装柄。为防止拔矛时矛头脱落，有的矛骹两边铸有环状钮（上文的“弓形双耳”即是），可用绳穿过把矛头牢牢绑缚在柄上。矛柄有木柄和积竹柄两种。积竹柄是用细竹做柄，打通竹节，竹芯内填充木条，然后用绳裹扎起来涂上漆。积竹柄坚韧而富有弹性，不易折断，性能优于木柄。

第四节　这些石头，讲述古蜀故事

◎看文物

天涯石、支矶石　战国，今存成都市区

天涯石是一块粗红砂石，露出地面的部分呈直角梯形状。据考证，它就是古蜀大石遗迹之一或墓石之一，现在天涯石小学旁街沿建有亭子保护。

支矶石高不足2米，为不规整的方柱形，一面有圆锥形浅窝，一棱有长方形凿痕，原位于成都支矶石街，后移至青羊区文化公园内，也建有亭子保护。

◎读成都

在龙泉山和龙门山、邛崃山之间，有一块8000平方公里的土地，为我国西南最大的平原。因成都位于平原之中，故称“成都平原”。由于它是岷江、沱江等八条河流冲积扇连缀而成，水网密布，冠于四川其他地区，这也是造成一些地方低洼、地下水位高、下湿田集中的主要原因。在古蜀时期，更是河道纵横，水患连连，号称“卑湿之地”。

随着人口的增加，必须扩展耕地，就需要有一个与水争地、辗转迁徙的漫长过程。于是自开明一世起，至五世止，蜀人屡屡迁移，从郫县搬到新都，接着向南搬至广都[①]，最终在开明九世又折返成都。整个开明王朝的大部分时段，都呈现出新都、广都、成都（并称“三都”）这样一条迁徙、治水、择都的弧形路线。每当河流泛滥，蜀人见土能掩水，土中的大石头更是可以岿然不动，便产生了“土克水”“土精为石”等等观念。近年成都方池街发

① 广都，今成都双流区。

现的东周时期的数条人工砌筑的卵石建筑，就是开明王朝徙居成都后的城市防水、排水设施，或防洪与排水相结合的设施。

石既为土之精，当然比土更能克水。大型的石头，在蜀人眼中，更是一种神圣的存在。

传说蜀国有五个大力上，被称作“五丁”，力大无穷，能举起万钧[②]重的东西，甚至能移山。今成都市金牛区有一条“五丁路”，就来源于此。每当国王逝世，五丁便把一块长三丈、重千钧的巨石立在王陵前做墓碑，上面不写任何文字，只涂以五色颜料，老百姓便以这五色称他们为青帝、赤帝、黑帝、黄帝、白帝。这些巨石墓碑罗列如雨后春笋，故被后人形象地唤作“石笋”。现在的成都老西门外之“石笋街”就跟这个有关。

绵竹武都山有一男子化身成女人，十分美艳，大概是个山精。被蜀王看中，纳为妃子。但她不服平原上的水土，想离开成都，返回家乡。蜀王极力挽留，写歌作曲来讨她欢心。没过多久，王妃死了，蜀王伤心极了，命令五丁从武都往成都担土，为王妃修建坟冢。该坟占地数亩，高七丈，上面竖有一面石镜：厚五寸，直径五尺，莹澈光

② 钧，古代重量单位，一钧等于三十斤。

洁，可鉴人影。坟前也立一方石，作为标志。日积月累，坟上的土石、植被越来越多、越来越厚，成了一座山，人称“武担山”，又叫“五担山”，其位置原来就在成都北较场内。在六朝、唐、宋时，此山之上建有寺庙，名“武担山寺”，亦名“石镜寺”“咒土寺”，为当时名胜。

公元前346年，蜀王派使者出使秦国。因为秦王屡次送美女给蜀王，蜀王很感动，所以遣使访问秦国。秦王知道蜀王好色，便许诺再送给蜀王五个美女，蜀王立马就派五丁前去迎接。走到绵阳梓潼县时，看见一条大蛇钻入山洞中，一名大力士好奇心骤起，快步上前抓住蛇尾往外拽，但是怎么也拉不动，于是五丁齐上，大喊着拽蛇，不料山体崩塌，五丁和秦国的五个美女及其随从一起都被压死了。大山一分为五，山顶上有平石。蜀王知道后很痛心，便登山凭吊那五个美女，并把山命名为“五妇冢山”，并在平石上修建了“望妇堠”“思妻台”，真是只爱美人不惜英雄。后来的人们才把这几座山称为“五丁冢”，以表示对这五个大力士的纪念。

石笋、石镜、五丁冢平石，这些古蜀大石现已不存。下面来说说成都市区至今仍可见到的大石遗迹，即成博先秦馆展陈的“天涯石”“支矶石”图片。天涯石是一块粗红砂石，露出地面的部分呈直角梯形状。传说这是古蜀大石遗迹之一或墓石之一，现在天涯石小学旁街沿建有亭子保护。支矶石高不足2米，为不规整的方柱形，一面有圆锥形浅窝，一棱有长方形凿痕，原位于成都支矶石街，后移至青羊区文化公园内，也建有亭子保护。“矶”又写作“机”，传说该石是天上织女用来支垫织机的石头，所以叫作“支机石”。

故事大概是这样的：相传天上的银河与地上的河是相通的。有一次，张骞坐船不知不觉驶入了银河。他看见一个女子在织锦，一个男子牵着牛，便打听这是什么地方。女子回答：“这不是人间，你是怎样来到此处的呢？”说完便把支机石送给了张骞，叫他用船载回去问问蜀人严君平，就能知道是怎么一回事了。严君平当时在成都市上算卦，很是灵验。张骞跑去找到他询问，严氏掐指一算，然后说：“某年某月某日，有一颗客星冲向了牵牛星。”算一算时间，正好是张骞误入银河之际。事实上，严君平出生时，张骞已去世多年，两人是无法见面问答的。这显然是个民间传说，但古人却深信不疑，把支机石当作陨石，视为神物。清代已有人专门建造小屋来保存它，又有人向它焚香祭祷，甚至有老妪住下来长期司香火。现在经考古学家考证，它也是古蜀的大石遗迹之一，甚至就是古蜀国墓上之物。

◎多知道一点

客星

客星，是中国古代对天空中新出现的星宿的统称，主要是指新星、超新星和彗星，偶尔也包括流星、极光等其他天象。这类天体如“客人”一般临时寄寓于天空常见星辰之间，故谓之客星。

客星忽隐忽现，实际上是星的爆发：爆发时亮了，就看得见；爆发过程结束，看不见了，便以为客星走了，就像客人做完客离开一样。在中国古代占星术里，客星常被分为瑞星和妖星两大类，前者预兆吉祥，后者预兆凶祸。

第五节　古蜀船棺，载魂之舟

◎看文物

船棺　成都商业街船棺葬出土（成都博物馆供图）

成博先秦馆展览的两具：上方这口带盖长约 4.77 米，宽约 0.9 米，高约 1.08 米，棺内随葬有陶器、漆木器等；下方这口没有棺盖，长仅 4.53 米，宽约 0.9 米，高约 0.6 米，棺内随葬有竹筐、竹席、蓑衣、漆木器等。

◎读成都

砍倒一根粗大的楠树，截枝脱皮，打磨抛光，再去掉三分之一，将剩余的三分之二挖空中心部分，由底部向上斜削木头的一端使其离地而略微上翘，可以做成什么？一条木船。那如法炮制，再做一条相同的，然后把它们上下两两对扣在一起，就是一种棺材。

2000 年 7 月至 2001 年 1 月，在成都市中心的商业街，考古工作者发掘出了一座多棺合葬的大型古墓。这些棺材大小不一，秩序井然地停放在纵横交错的枕木之上，都被做成了远古木船或独木舟的形状，所以人们形象地称之为“船棺”。

仔细一清点，墓坑中现存船棺 17 具，其中 10 米以上的有 4 具，最大的 1 具长达 18.8 米，直径 1.7 米，由一整段楠木挖凿而成。我国国内尚未发现过如此巨大树木制作的船棺，堪称“中华船棺之王”。其余 13 具规模较小，包括一些为殉人或专门放置随葬品的小型木棺。比如成博先秦馆展览的两具：上方这口带盖长约 4.77 米，宽约 0.9 米，高约 1.08 米，棺内随葬有陶器、漆木器等；下方这口没有棺盖，长仅 4.53 米，宽约 0.9 米，高约 0.6 米，棺内随葬有竹筐、竹席、蓑衣、漆木器等。

在博物馆幽暗的一角，静静端详着这些奇异的棺木，心里难免会冒出若干个问号：它们是什么时代的？主人是谁？为什么要做成船形？又为何埋葬在了成都的闹市之中呢？

考古工作者研究后初步认定，这是战国时期某一位蜀王及其家族的墓葬，下葬时间距今2500年左右，相当于古史传说的开明王朝的晚期。

这个王朝的开创者即为前文提到的“鳖灵”，他可是个了不起的人物。

他自称是“荆人”（荆就是楚国），据说他死后尸体从长江中游及岷江逆流而上，抵达蜀国郫地竟又复活，便去拜见蜀王杜宇。赶巧，此时，杜宇统治下的蜀地爆发了类似中原尧舜时期的大洪水。杜宇便封谙习水性的鳖灵为相，带领民众治理水患。他借鉴了大禹治水的成功经验，打通玉垒山脚，疏导汹涌洪水，为后来都江堰的修筑尤其是宝瓶口的拓宽打下了基础。因治水之功，鳖灵得杜宇禅位，顺利登极，建立开明王朝，四川人就尊称他为“丛帝”，今天郫都区的望丛祠就是后世纪念他和杜宇而修建的。

历代大小君王总是希望从自己算起，将王位二世、三世这样一直平稳地传到千万世，无穷无尽，结果很多王朝很快就衰亡了。开明王朝虽然僻居西蜀，却一共传了十二世，公元前316年，才被逐渐强大的秦国所灭。

一天，开明帝突然梦见城郭自己在移动，醒后就干脆顺应这个吉祥的兆头，把国都迁到了成都。商业街船棺墓葬的时代恰好就处在开明王朝定都成都之后至秦国灭掉开明蜀国之间，属于古蜀文明迈过顶峰、即将走向衰落的时候。也就是说，船棺的主人极有可能就是开明的嫡系子孙之一，某一位王位继承者，即：开明N世。但各船棺中所出骨骼经鉴定都是20岁左右及更年幼的青少年，也许并非蜀王，很可能是蜀国王族中一些并未继位或成婚的青少年男女。

其实，在成都市区内发现船棺，商业街这次既不是第一次，年代也不是最早的，而且还不仅仅局限于开明王朝。

早在1987年，考古工作者就在青羊小区住宅楼工地发现了一处战国船棺墓，出土了一件纹饰十分精美的铜壶，上面刻绘有栩栩如生的羽人划船图案，这个发现为研究古代蜀人生产和生活习俗提供了珍贵的历史资料。法国学者认为，这类羽人划船画表达的是“用船送魂”的祭祀仪式，与世界第三大岛婆罗洲上的达雅克人超度死者灵魂到天堂所用的“黄金船”相似。中国学者也曾指出，蜀地流行船棺葬，与蜀人沿水路送魂的意识有关。

2007年，黄忠村四组金沙遗址墓葬区内也出土了大量的船棺，将蜀人船棺的“出生时间”整整提前了500年，证明早在西周中期成都地区就已使用船棺葬。遗憾的是，这些船棺保存得不太好，其遗迹之形状虽然跟商业街船棺相近，但要小得多，一般长1米多，大的也只有2米多。在船棺遗迹中央横躺着尸骨，其脚踝处通常只有陶罐等低档随葬物。专家解释说，与成都商业街船棺只在蜀国王公贵族之间流行不同，金沙船棺有可能只是一般蜀人的葬具。

蜀人既然相信用船棺可以送亡魂，那么，最终的目的地是哪里呢？天堂？故乡？还是别的什么地方？

根据西汉大儒扬雄《蜀王本纪》的记载，这些亡魂会经过一个叫作“天彭阙”或“天彭门”的地方，其地理位置在汶川县漩口附近，那里两座山峰耸然对峙，形如门阙，岷江从中穿流而过。若无舟船，显然难以渡过滔滔江水返归故里，与祖先灵魂团聚。这个故里就是古蜀的发祥地、第一代蜀王蚕丛的家乡——岷江上游的川西北高原，其实也就是蜀人心目中的天堂。船棺实为“载魂之舟”，其宗教和葬俗意义在此昭然若揭。

讲到船棺葬，可谓源远流长，是中国南方古代一些少数民族的葬俗。因以船形棺为葬具。大而化之，船棺葬可分为露天葬和土葬两种。再细一点，又有悬挂岩洞、架在树上和埋入土中之分。

用为土葬葬具的船棺，自1950年代以来，长江三峡和四川东部屡有出土，这里是古代巴国的疆域，船棺也因此一度被认为是巴人独有的安葬方式，流行于公元前4世纪末至公元前1世纪末。1970年至2017年，成都市蒲江县不断有战国船棺发掘出土，特别是商业街船棺集体而较为完整的亮相，雄辩地表明了蜀人也曾经使用船棺下葬。

明朝的时候，成都三十余州县分布一片沃土之上，尚有江流清冽可爱，人家桥梁扉户俱在水上，而松阴竹影又抱绕于涟漪之间，晴雨景色无不可人。可以推想，先秦之时，成都平原更是河流纵横。很多蜀国先民傍水而居，以船为家，以河为生。他们通习水性（例如开明），擅长舟楫，珍视船只，因而死后以之为葬具，天长日久，就形成了风俗，为历代所沿袭。

很难想象，船棺葬者如果不是主要靠水生存的民族，对舟船有着深厚的感情，恐怕绝不会耗神费力花偌大的工夫来把葬具凿成船形。船棺墓中的独木舟型小棺，从其规模及制作工艺来看，是完全可以付诸实用的。有理由相信，此种葬具或者本来就是墓主人生前日用的水上交通工具，为了物尽其用，也作为财产想继续持有，死后即以之当作葬具。

然而，先秦时期使用船棺进行土葬的民族并不多见，唯有巴蜀地区是我国古代实行船棺葬相当集中的地区。巴蜀船棺葬，是巴蜀先民受到本民族送魂观念支配下的产物；同时，它的出现与流行，又与古代巴蜀先民生产方式与生活环境有着密切关系。这也是世界上许多民族丧葬习俗文化形成的主要原因。

正像前面所讲到的，早至金沙遗址时代，最晚从开明九世开始，成都就已是蜀国都城的所在处了，因此，在成都市区内屡次发现船棺，也就顺理成章，不足为奇了。

◎多知道一点

中国船棺

迄今所发现年代最早的船棺，是从福建武夷山岩上取下的两具“架壑船棺”，和现在闽南等地使用的渔船形制基本相同；经碳14测定，制作时间距今3500年以上，大约相当于夏商时代。与成都商业街船棺类似，武夷山的船棺也由整段木头刳凿而成，也分底盖两部分（底部为船棺的主体，中为长方形盛尸处；盖作半圆形，内部挖空如船蓬状）并上下套合。

中国中南地区湖北、湖南、广西等也有类似船棺葬，或称“敝艇”，或称“沉香船”，或称“仙人舟”，不一而足。

第二章

秦汉：成都的崛起

第一节 “成都”的初现

◎看文物

吕不韦戈

战国晚期，广元青川县白水区出土，青川县文物管理所藏（成都博物馆供图）

铜戈全长26.5厘米，内部两面都有铭文，一共23个字，提及“蜀郡”和“成都”，是国家一级文物。吕不韦主编完成《吕氏春秋》的第二年，督造了这把戈，这把戈是秦国兼并巴蜀、驻军成都的“铜证”。

◎读成都

偶然的一次萍水相逢，有时竟会改变整盘人生的轨迹，乃至两个国家的历史进程。

公元前387年，开明王朝某一世蜀王在其领地北端的山谷中打猎，不期而遇他的敌手秦惠文王。秦惠文王送给蜀王一竹箱金子，蜀王也回赠了一些珍宝器物。回到秦国，这些宝物变成了泥土，秦惠文王非常气愤。群臣却向他道贺，说："这是上天赐给秦国的礼物啊，大王将得到蜀国的土地！"秦惠文王转怒为喜。他准备攻下蜀国，但是蜀地向来不与秦塞通人烟，一时竟找不到入蜀之路。不过他知道蜀人尚五，又崇拜大石，便令人制作了五头大石牛，每天早上在牛屁股后边放一块金子，对外宣称石牛会屙金屎，称作"牛便金"，并专门派上百人来供养这些石牛。蜀王听说后，兴奋极了，很想据为己有，便派使者到秦国。这正中秦国的下怀，秦惠文王爽快地答应了蜀王的请求。蜀王派五丁去迎接石牛，回到成都后，牛却不拉金子。蜀王大怒，又令五丁将石牛原路送还给秦国，并嘲笑秦人是"东方放牛娃"。殊不知，五丁来回拖运石牛，已拖出了一条秦蜀通道，后称"石牛道"，又叫"金牛道"。秦惠文王奸计得逞，暗自得意，对蜀人的嘲讽只是抱以浅浅一笑，说：“我们虽然是放牛的，但一定会得到蜀的土地。”

果然，几十年后，好色张狂的蜀王愈来愈昏庸腐败，不啻如此，他还与紧邻的兄弟国家巴国失和开火。巴蜀攻战之时，正是他人得益之机，公元前316年的秋天，秦大夫张仪、司马错、都尉墨等便率大军从石牛道伐蜀：先从古南郑（汉中）经勉县西南烈金坝，旋即又入宁强东北的五丁峡（又称“金牛峡”），然后再经七盘关、龙门阁和明月峡的古栈道抵达广元。

情急之下，分兵乏术，开明十二世只好亲自率部从成都赶到广元，以期挡退秦军，结果惨败。开明十二世逃到武阳（四川彭山），被秦军追上击毙。蜀王的相国、太傅以及太子等一干人马退至逢乡，在白鹿山（彭州市白鹿镇）全军覆没。秦军长驱直入，乘胜追击，经剑门关、柳池驿、武连驿、梓潼送险亭、五妇冢山（又称“五妇岭”）、石牛铺，一举夺下成都。同年冬十月，蜀地平定，司马错等顺势攻取了巴国，史称“秦并巴蜀”。此举不仅支持了秦统一六国的战争，也为西南广大地区纳入中央王朝统治创造了条件。

公元前314年，秦惠文王封其子通国为蜀侯，以陈庄为相国，又设置巴、蜀二郡，任命张若为第一代蜀郡郡守。为了维持战果、稳定局面，秦国移民一万余户至蜀地。从此，蜀地结束了相对封闭的自我发展时期，成都翻开了新的篇章。

秦惠文王二十七年（前311年），张仪协助郡守张若，修建成都城。城周长12里，相当于今天的4.9418千米，城墙高7丈，相当于今天的17.1米，史称“秦大城”，为蜀侯、蜀相、蜀守的治所。有资料显示，后来的汉代长安城、唐代西京宫城均高三丈五尺，东京宫城高不过四丈八尺，成都罗城砖墙仅高二丈六尺，相形之下，秦大城显然高得有点离谱了，史书记载的数据保不齐是错误的。

与秦大城同时修筑的还有郫城（郫都区）、临邛城（邛崃市）。三城在东西二百里间，大体成“品”字形，有鼎足之势，可互为犄角，以震慑成都西、南两面古蜀王数次建都所在地区，即今郫都区、温江区、双流区、邛崃市、都江堰市及成都市中兴场一带。蜀国虽已灭亡，又有秦民移入，但蜀人仍大量存在，拥有武力者依旧不少，所以筑三城屯兵加以震慑，就显得理所当然了。

张若在城内大肆修建官衙府舍，设立了管理盐、铁、市场的机构和主管官员，修整了居民区，规范了市井街坊，使成都的城市格局与秦国都城咸阳（陕西咸阳市）看上去并没有什么两样。

那“成都”这个城市名称又是何时出现的呢？

在《庄子》《吕氏春秋》等传世的战国文献之中，“成都”二字就已一再露面，但都是“成为都市”的意思，并不特指成都这个地方。

“成都”作为地名，则较早见于二十世纪考古发掘的战国文献之中或战国文物之上。1975年在湖北省云梦县睡虎地秦墓内出土的竹简本《南郡守腾文书》中提及了两次“成都”，该文书作于公元前227年，说明在此之前，成都作为地名就已为众所知。1985年在四川雅安荥经县发现的战国晚期船棺葬一号墓内出土了一件铜矛，其上有“成都”二字铭文。1987年在广元青川县白水区出土了一件战国铜戈，上有“九年相邦吕不韦造……成都”等铭文，因此被称为“吕不韦戈”。其铸造年代为公元前238年，是目前“成都”作为地名最早的文字记录。

成都博物馆展陈的“吕不韦戈”：全长26.5厘米，内部两面都有铭文，一共23个字。跟“成都矛”一样，也已被定为国家一级文物。吕不韦是战国末期著名的商人、政治家、思想家。公元前249年，被秦庄襄王任命为相国，即戈上称的“相邦”。其门下有食客3000人，童仆上万。百科全书式的《吕氏春秋》就是他主编的，完成于公元前239年，比吕不韦戈刚好早了一年。换而言之，《吕氏春秋》成书的第二年，吕不韦监造了这把戈——秦国兼并巴蜀、驻军成都的“铜证”。

◎多知道一点

成都的“成”

《山海经》里面有一处“都广之野”，也许描述的就是远古的成都平原。另有一座“成都载天山”，也许描述的就是远古的青城山。然而，都不能最终确定。

又有人说：甲骨文“成”字是由戌、大刀、战具和口、城邑所组成，戌在城上，表示武力征服。后来的“成”字也不是六划而是七划，由“丁”和“戈”组成，表示军事的意思很明显。“成”字作为动词的本义，一是武力征服，称霸一方；二是停战和解，媾和；三是调和，调解；四是结束，实现，达到。这样看来，“成都”这个名称的得来就是因为“成”字的军事内涵。

第二节　蜀守李冰对成都的贡献

◎看文物

石犀　秦汉，成都天府广场东北侧出土（成都博物馆供图）

长3.3米，宽1.2米，高1.7米，重约8.5吨，作站立状，躯干丰满壮实，四肢粗短，下颌及前肢躯干部雕刻着卷云纹。这头石犀极有可能就是李冰治水时所作，具有极高的考古研究和艺术价值。

◎读成都

这里有颗粒饱满而味美的菽、稻、黍、稷（膏菽、膏稻、膏黍、膏稷），各种各样的谷物自然生长，无论冬季夏天，都可以播种。鸾鸟自由自在地歌唱，凤鸟自由自在地舞蹈，灵寿木按时开花，各类草木也都葱茏茂盛，常绿常青。鸟兽成群结队，和睦相处。这里就是《山海经》描述的战国时期的成都平原，一片祥和美好，宛若人间天堂，《史记》《汉书》《后汉书》同声称赞的“沃野”，今人大力形容的“东方伊甸园”，恐怕也不过如此吧。金沙遗址出土了数以吨计的象牙和众多的野猪犬齿、鹿角、麂骨、水牛角、黄牛角、犀牛骨、马骨等动物遗骸以及大量的乌木、植物遗存。这些考古资料也证明，3000 年前的成都平原呈现出一派森林密布、河渠纵横、动物繁多的景象。在这片绿色天地之中，古蜀先民与大自然亲密拥抱，和谐相处，比起现在的灰霾世界，不知有多么的健康幸福啊！

成都平原之所以很早就能够达到土地肥美、沃野千里、物产富饶的程度，不得不归功于一个人，他就是张若之后的一代蜀郡郡守李冰。

西汉史学家司马迁的《史记》第一次对李冰的事迹

作了简明扼要的介绍："于蜀，蜀守冰凿离碓，辟沫水之害，穿二江成都之中。此渠皆可行舟，有余则用溉浸，百姓飨其利。至于所过，往往引其水益用溉田畴之渠，以万亿计，然莫足数也。"大意是说：在蜀地，蜀守李冰凿通离堆，以避免洪水的侵害，把岷江分成两条，穿成都城而过，江中均可以行船，多的水则用于灌溉，百姓全部享受到了水的利益。至于江水所经过的地方，往往开成沟渠相连，数量之多，简直无法计算。

这里的"凿离堆、穿二江"，就是建都江堰，只不过这个都江堰还是"初版"，后来历经"修订"，才有了今天的都江堰。即便是"初版"，其功效也立竿见影、非同小可，近者使蜀中百姓得到饮食之利，远者使秦国君王得到政治之利。没有都江堰，蜀郡就不会旱涝保收、岁常丰熟；没有都江堰，秦始皇甚至不能顺利地兼并天下。也因此，就像当初蜀民为鱼凫王修立祠堂一样，秦始皇为李冰建造了祠堂，这也是最早纪念李冰的仪式性建筑，可算是后世"川主寺""二王庙"等等之雏形祖构。

前面讲过，开明王朝就有过丰富的治水经历和相当的防洪业绩。和鳖灵相似，李冰不仅借鉴了丛帝治水的宝贵经验，还极为尊重当地蜀民的精神信仰，因地而制宜。

李冰除了顺应地势凿通离堆，还顺应民情做了一件意义深远的事。那就是扬雄《蜀王本纪》说的："江水为害，蜀守李冰作石犀五枚，以厌水精。"这主要是一种巫术，唐代旅居成都的大诗人杜甫称之为"厌胜法"。"厌胜"意即"厌而胜之"，系用法术诅咒或祈祷以达到镇压制胜所厌恶的人、物或魔怪的目的。我们现在过年贴春联，端午节挂艾蒿，原本也都是厌胜之术。

为什么要作"石犀五枚"呢？而不是六头石猪，或者其他数目其他动物的石像呢？

首先，蜀人有"尚五观念"和"大石情结"，第一章提到的"五石牛"，就曾令蜀王欣喜若狂。其次，蜀地，尤其是岷山一带，本就盛产犀牛。在古人眼中，犀牛能用角分水避水。依照顺势巫术的原则，仿照天然犀牛雕造的石犀自然也会产生同样的效力。文化人类学家指出："如果说一般的石头因其具有重量和坚硬等共性被认为具有一般的巫术效力，那么特殊的石头则以其具有特殊的形状或颜色等特性而被认为具有特殊的巫术效力。"石犀正是这样的"特殊的石头"，它所具有的"特殊的巫术效力"就是可以"辟沫水之害"，神话化的讲法即"以厌水精"，说白了，就是能镇水防洪。

当然，石犀再大，也不能真正地镇压住汹涌澎湃的洪水。"蜀人矜夸一千载，泛溢不近张仪楼"，只不过是一种精神胜利。然而在厌胜的巫术效力之外，岸边的石犀无疑还是会起到一些抵挡水流、减杀水势的实际作用，犹如乐山大佛因岩而成，把岩壁凹凿进去，靠壁凿成一尊弥勒大佛的坐像，水势免去与岩壁激烈冲击，祸患因而减少。

那石犀的具体尺寸和后来的下落如何呢？

据《蜀王本纪》的报告，其中两头就放在蜀郡郡守府中，成博先秦馆展示的那头萌萌的圆雕石犀就是这两者之一。它2013年出土于成都天府广场东侧工地，长3.3米，宽1.2米，高1.7米，重约8.5吨，作站立状，躯干丰满壮实，四肢粗短，下颌及前肢躯干部雕刻着卷云纹。卷云纹是起始于战国，秦时得到进一步发展，汉、魏时代流行的装饰花纹之一；以“W”“a”为基本线形，通过粗细、疏密、黑白和虚实等对比手法，组成各种卷云纹。专家考证，蜀郡郡守府就位于天府广场一带，而扬雄又是离战国不太遥远的西汉蜀人，应该是有所目睹耳闻而后才形诸笔墨的，所以，这头石犀极有可能就是李冰治水时所作，具有极高的考古研究和艺术价值。退一万步，即便不是李冰所作，也可作为参照，让我们于千载之下比较容易想象那五枚石犀的风采与庞大。

◎多知道一点

圆雕艺术

圆雕是艺术在雕件上的整体表现，观赏者可以从不同角度看到物体的各个侧面。它要求雕刻者从前、后、左、右、上、中、下全方位进行雕刻。其成果即圆雕作品，又称立体雕，是指非压缩的，可以多方位、多角度欣赏的三维立体雕塑。

圆雕的手法与形式多种多样，有写实性的与装饰性的，也有具体的与抽象的，户内与户外的，架上的与大型城雕，着色的与非着色的，等等。雕塑内容与题材也是丰富多彩，可以是人物，也可以是动物，甚至于静物。材质上更是五花八门，有石头、木头、金属、泥土、石膏、纺织物、纸张、植物、橡胶等等。

第三节　成都文豪司马相如和才女卓文君

◎看文物

炉渣、炉砖

汉代，蒲江铁牛村冶铁遗址出土（成都博物馆供图）

炉渣，结构酥松，内部、边缘皆有炭渣，质量很轻。

炉砖，黏土制作，平面呈长方形，断面呈青灰色，表面附有铁水遗留物，可能为炼炉中部之砖。

◎读成都

李冰成功地化水害为水利之后，岷江中下游的成都平原就得到空前的大发展，获得了“沃野”的美誉，而且很快传进了千里之外的赵国人的耳朵。其中有一位卓氏，经营冶炼铁矿的生意而致富，后来秦国打败赵国俘虏了他。被流放的过程中，只有他们夫妇推车步行，其他同时被掳获的赵国人则争相用钱财贿赂秦国官吏，要求迁放到离赵国邻近的地方。但卓氏却自愿远放蜀地，他说：“我听说岷山之下有肥沃的原野，盛产一种芋头，硕大无朋，就像一只只蹲着的猫头鹰，到了凶荒之年，光凭此物就能至死不饿肚子。老百姓则在街市上做工、经商。”如愿以偿，卓氏被迁到了临邛城，大为高兴，便重操旧业，开采矿山，熔铸生铁，运用计谋，用尽云南、四川两地可用的劳工，迅速使自己富可敌国，拥有了上千奴仆和私家庄园，游猎享乐比原先在赵国时还要豪华奢侈了。西汉著名的冶铁业富商卓王孙就是这个卓氏的后人。

不止临邛一处，秦汉中央政府也在成都任命官吏管理铜、铁生产，西汉中晚期，广都、武阳等地也设有“铁官”，整个成都平原因矿产资源富饶，冶铸业均普遍比较发达，成都出土的汉代铜器有鉴、釜、钫、壶、洗、盘、鐎斗、樽、勺、耳杯、奁、熏炉、灯、镜等，成博秦汉馆展陈的蒲江铁牛村冶铁遗址出土的“炉渣”与“炉砖”、蒲江沙子塘冶铁遗址出土的“铁矿石”、成都岷山饭店出土的“环首铁削”，诸如此类，就都是相关的考古旁证。

话说卓王孙有个女儿，名叫文君，又年轻，又靓丽，早早成了寡妇。后来一次看似偶然的机缘，让她摇身变为“赋圣”司马相如的妻子，从此名垂青史。

成都人司马相如是典型的“学成文武艺，货与帝王家”，偏偏这个帝王不买账。当时还不兴公务员考试，相如只好筹钱买了一个小官，职业主要是陪汉景帝骑骑马、打打猎。后来家徒四壁，也许就是买官时耗尽的。司马相如一向有志于《子虚赋》那样的汉赋创作，但景帝偏偏不爱读这些呕心沥血写出的文绉绉的长篇大论，这让相如倍感郁闷。碰巧来了一次出国的机会，他借口自己得了“消渴疾”（今称“糖尿病”）要去梁国治疗，就递了辞呈。梁国住着一帮文化人，个个都热爱写辞作赋，几年下来，和他们成天厮混在一起的司马相如创作大丰收，名气也已然蜚声遐迩了。

可好景不长，梁王死了，相如只得回到四川，成了待业青年。好在还有薄名，临邛县令对他表示热烈欢迎。

他便衣着光鲜地坐着高大轩敞的马车，浩浩荡荡，带着一帮随从入了临邛城。不久，卓王孙办了一个家庭聚会，邀县令和相如等百余位社会名流莅临。相如见扬名的机会来了，故意称病婉谢，县令不得不屈尊登门恳请。推辞不过，相如只好去了。酒过三巡，大家都已微醺，县令忽然想听相如弹琴独唱，说："我听说司马先生弹得一手好琴，不妨为大家演奏演奏。"而相如来之前在驿站宾馆里是做了攻略的，知道卓王孙有个漂亮女儿，刚刚死了丈夫，又懂文学音乐，正好借此挑逗她一番，没准还能成就一段姻缘哩。宴会上尽是些商人、暴发户，都没啥文化，所以相如大胆连唱了两首寓情于乐的热辣恋歌。一弦一柱、每字每句都被躲在窗户后的卓文君听进耳里，渴慕之心不禁油然而生。曲终人散，相如又派人给文君身边的亲信送了重礼，希望能及时准确地传达自己的爱慕之情。文君果然识趣，当晚就收拾好行李，跟着相如一鼓作气私奔到了成都，气得卓王孙要杀女的心都有了。

卓文君究竟是富商出身，过惯了锦衣玉食的上流生活。没多久，就开始抱怨相如太穷。一天，她突然建议相如重回临邛，说向她的兄弟贷点款，完全可以快乐富足地生活。相如毕竟是文人，清高好面子，临邛倒是回了，但没抹下脸去借钱，只把代步的马车卖了，买了一个小酒店，自己刷碗洗盘子，让文君当卖酒女郎。卓王孙听闻后，羞得不敢出门上街。许多亲朋好友都来劝卓王孙，说："生米已煮成熟饭，司马相如穷是穷，但毕竟有才华，又是县令的座上宾，何不拉他一把？"卓王孙不得已，只好分给文君保姆仆从共一百人、钱一百万，以及若干时髦嫁妆、高档财物。于是，卓文君又得以跟司马相如一道携手回到成都，买田买房，跻身富豪之列。

这个传颂千古的爱情故事，不光反映了卓氏家族的富裕、西汉冶炼业的发达，而且说明了西汉爱情婚姻观念的开放，世俗对出格举动的包容也已足够大。

司马相如与卓文君在成都的居所，被后人雅致地称为"琴台"，六朝至唐、宋皆为名胜，常被游客踏访观赏。宋代以后才逐渐荒芜不存，但其大概方位仍可依据史料加以追溯，应当位于通惠门之东，即原有的金水河上金花桥一带，已在秦汉少城之外。汉代成都城小人多，民居在城外近郭处，也属于当时的常态。此地处二江之间，既可北望城郭，又能南瞩村野，加之两人情投意合，卜居于斯，实有山林隐逸之趣，何其快哉！到了近代，人们因为已不清楚琴台的具体位置，而王建墓前的石幢石人又早湮没于草莽之间，不知其为永陵，遂一度望文生义误以为这么高高的一个土丘就是相如抚琴之台。直到民国抗日挖防空洞，无意中发现墓内建筑，随即出土了相关文物，才晓得是闹了一个天大的误会。

◎多知道一点

青铜器里的常见物

钫，即方形壶，方口，大腹，有的有盖。一般为青铜制，用以盛装酒浆或粮食。又有陶制的，多是随葬的明器。

鐎斗是一种古代温器，一般认为多用于温羹，多用青铜制成。一般是附有长柄的盆形器，下附三足，也有带镏的，柄端常作兽头之形。或说又名“刁斗”，古代军中“昼炊饮食，夜击持行”。盛行于汉及魏晋时代。

第四节 文翁兴教化蜀

◎看文物

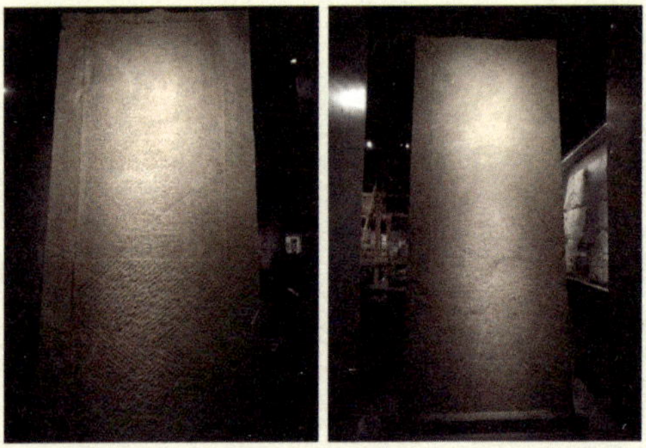

李君碑、裴君碑 东汉，成都东御街出土（成都博物馆供图）

一块是蜀郡太守李君的德政碑，碑上刻有800余字，阳面记述了李君的生平功绩，阴面罗列了捐款联合立碑的属官官职与姓名，今称《李君碑》。

另一块记载的是李君的继任郡守裴君的生平功绩以及

联合立碑的属官官职、姓名，共有1400余字，内中涉及当时有关文教的重要内容，今称《裴君碑》，碑文中“巍巍大汉”“列备五都”等字句反映了两汉期间成都的重要地位。

◎读成都

从蜀王鳖灵开始，岷江玉垒山一带的水势得到初步控制，成都平原的水灾得以大大缓减，蜀守李冰率众修成举世闻名的都江堰，使得整个成都平原成为自流灌溉农业的典范。到了西汉文帝时，另一位蜀守进一步扩大了农田的灌溉面积，而且还使都江堰的内江水系与沱江通联，起到了区域水资源丰枯互补的调配作用。这个蜀守叫文翁，名党，字仲翁，是略晚于司马相如的安徽人。自幼喜欢读书，擅长文史，尤其通晓《春秋》，曾在家乡当过小吏。

西汉时，巴蜀已拥有悠久的历史和灿烂的文明，但用中原儒家的文化标准来衡量，却仍被视为尚未开化之地。就连扬雄这个出生于成都的大儒，也曾误把古蜀民众当作“不晓文字，未有礼乐”的原始人群。汉景帝末年，文翁被举荐到成都任蜀郡守，他到任后，痛感蜀地尚保留着蛮夷之风，决定兴办教育，逐步改善这里的民众素质。

文翁大兴教育，做了不少实事。首先，照顾蜀中百姓对蚕丛石室的记忆与好感，在成都城南修筑新的“石室”，用作课堂，里面供奉孔子像，栽植有柏树，此举开了中国地方官办学校的先河。其次，经过严格考核，从郡县小吏中选拔机敏有才的十余人，送至京师请“博士”培训。学成后归蜀任教，大大提高了蜀郡的师资水平。最难能可贵的是，文翁到各地视察，常从学生中挑选随行助手，让他们见习做官，同时也扩大教育的影响。学生毕业后，成绩优秀的直接派到郡县任职，次等的也可分到各乡充任文书。这样，在蜀郡形成以能入官学学习为荣的风尚，后来甚至出现了愿意自费入学者。

文翁在蜀郡兴学，大大改变了蜀地文化教育的落后面貌，以致东汉史学家班固写《汉书》要大赞“至今巴蜀好文雅，文翁之化也”。汉武帝对此十分赞赏，曾诏令全国予以仿效、推行。蜀郡在文翁的倡导之下，学风大盛，很快赶上了文教素来就很发达的山东。

东汉灵帝中平年间（184 年—189 年），学校遇火灾而遭焚毁。献帝时，一位高姓蜀守进行了重修和扩建。成都市南大街之西，为文庙前街，前街之北为文庙后街。文庙前街北侧西段，坐落着成都市石室中学。清代的成都府文庙及锦江书院故址，现均在这个校园之内，而此校的前身正是两千年前的文翁石室。

文翁在成都去世后，人们为他树立雕像，建造祠堂，年年祭祀不绝。他的后代也留在蜀地居住、繁衍，成了地地道道的蜀人。宋代梓潼人、苏东坡的从表兄、著名的墨竹画家文同就是文翁之后，蜀人仍旧用“石室”称呼其家，称他为“石室先生”，以表示对他祖先文翁的感恩戴德。

其实，文翁兴学不仅推动了包括巴蜀在内的全国范围的地方政府大办官学的热潮，也使蜀中成为私家讲学的一个中心。我们前面提到的严君平，就是成都私家讲学第一人。他为人淡泊名利，学养深厚，特别专精于《易经》《老子》和《庄子》，著有《老子指归》一书，成为道家的经典作品。严君平每天在闹市替人算命，借机教给世人忠孝之道。当时周围风俗大变，上下和睦，就有他的不小功劳。慕名而来者众多，但他每天只给几个人算命，挣得百余钱，就收刀捡卦歇业回家，给学生讲授《老子》《庄子》。扬雄小时候就曾在他门下学习，大为赞赏他的品德情操。

又如犍为郡资中（四川资阳）人杜抚，是位诗经学大家，教授门生千人，其中有个会稽山阴（浙江绍兴）人赵晔弃了官来拜师，跟着杜抚一学就是二十年，音讯全无，家人误认为他已身亡，竟为他发了丧。杜抚去世，赵晔亲手埋葬了老师，才回到家乡，闭门著述，写就了《吴越春秋》等传世佳作。

成博秦汉馆内对称耸立的两方东汉石碑，也见证了蜀学的兴盛和成都文化教育的普及。此二碑均于2010年出土于成都东御街，其中一块是蜀郡太守李君的德政碑，碑上刻有800余字，阳面记述了李君的生平功绩，阴面罗列了捐款联合立碑的属官官职与姓名，今称《李君碑》。另一块记载的是李君的继任郡守裴君的生平功绩以及联合立碑的属官官职、姓名，共有1400余字，内中涉及当时有关文教的重要内容，今称《裴君碑》。东汉顺帝阳嘉二年（133年），《李君碑》刻好后立于“殿堂”内，后因洪水倒损，裴君差人修缮并移置，与始刻于建康元年（144年）、安设于学宫之中的《裴君碑》并列一处。

总体而言，这两碑碑文多为歌功颂德文字，字里行间难免掺杂不实之词，但此二碑对研究巴蜀地区东汉历史、文化、书法、职官制度等，皆提供了新的、极重要的第一手资料。西汉晚期，成都一度成为首都长安之外最繁华的城市，盐、铁、铜、蜀锦、漆器等产品畅销各地，与洛阳、邯郸、临淄、宛齐名，号称“五都”，并均置有“市长”（此一官称一直沿用至今）。《裴君碑》碑文中恰巧有

“巍巍大汉”“列备五都”等字句，正好反映了两汉期间成都的重要地位。

◎多知道一点

汉代的博士和德政碑

博士，战国时所设学官名。秦及汉初，博士的职责主要是掌管图书，通古今史事，为学术顾问官性质。汉武帝时，《诗》《书》《礼》《易》《春秋》五经皆设博士，带领弟子若干人。自汉武帝后，博士专掌经学传授，与文帝、景帝时的博士制度又有差异。

德政碑，又叫“遗爱碑”或“去思碑”，专指旧时歌颂官吏政绩的纪念碑。凡为官者清正廉洁，造福一方，曰“德政”；百姓为其刻石立碑，并在碑上刻上纪念性的文字和图画，竖立起来，作为永久的纪念，称为“德政碑”。

第五节 两汉成都人的精彩生活

◎看文物

弋射收获画像砖
东汉，成都曾家包汉墓出土
（成都博物馆供图）

上部为“弋射图”，有二人引弓射鸟，没有箭杆，可能是弹丸，尾部似有细丝线系联，这样有猎获即可拖回，所以称“弋射”；下半为“农获图”，五人正收割谷物，最左侧是一送饭人，肩上有担，手提食盒。

◎读成都

“生产生活”，先要生产，才有生活。大力发展生产，才能丰衣足食。衣食足则知荣辱，仓廪实则知礼节，我们的生活才会越来越好、越来越精彩。

要想丰衣，就得大力从事纺织业生产。话说汉武帝派遣张骞出使西域，在大夏国①，张骞见到了产自蜀地的筇竹杖和布匹，大吃一惊，便问是从哪里得来的？对方回答：“是我们的商人从身毒国买来的。”身毒是中国古代对印度的称呼，它东部的古国迦摩缕波与大汉的西南接壤，蜀商私下做买卖，穿过山川险阻，躲开瘴气毒蛇，花两个月的时间，就可以抵达那里。蜀布既然可以出口远销，证明在成都市面上已经接近饱和。当时人们常拿“蜀郡之布”与“齐陶之缣”相提并论，要知道，齐国丝织品可是“号为冠带衣履天下”、流行一时的。在我国西北居延等地区发现的汉简上也记有“广汉八棕布”。汉时的布，是以经纬多少而称的。所谓棕或谓一升，等于麻缕 80 根，以布宽二尺二寸计算，如果是十棕布，就等于在二尺二寸的幅面上密布着 800 根麻经。工艺水平之细致高级，可见

① 大夏国，一个中亚古国，位于阿富汗北部。

一斑。

作为当时南北丝绸之路上唯一的枢纽城市，西汉成都有着世界上最先进的丝绸织造技术，生产的蜀锦更是闻名遐迩，样式极为繁多，三国时期魏文帝曹丕曾对臣下说："前后每得蜀锦，殊不相比。"有人曾请教司马相如写赋的诀窍，不假思索，相如竟借织锦的工序打起了比方，可见蜀锦的普及率之高。成都的"锦城""锦江"，均与蜀锦有着千丝万缕的联系。1975 年，在成都曾家包汉墓中出土了一块大型石刻，上面有织机图：一台有一个脚踏板，是制织平纹织物的织机，另一台是带马头的斜织机。成博秦汉馆展览的 4 台蜀锦提花机模型，出土于成都金牛区天回镇土门社区老官山汉墓，是我国第一次出土完整的西汉织机模型，也是现存的世界上最早最完整的织机模型。4 部织机模型的墓室内，躺着一位 50 岁左右的女性遗骸，髋骨严重变形，或与纺织活动有关，身份可能是一名织坊主。4 台织机模型中，最大的高约 50 厘米、长约 70 厘米、宽约 20 厘米。织机准备好了，就开始织造，织造之后是裁剪、缝纫，裁缝之后，就诞生了各式衣裳裙裤，然后就有了"雅俗多游赏，轻裘俊，靓妆艳冶"的成都街景。

再说足食。自从有了都江堰源源不断的滋润，成都便进入了“水旱从人，不知饥馑，时无荒年”的新时代，整个平原很快就变成了“沃野”，变成了“陆海”。唐代学者颜师古解释道：“沃者，溉灌也。言其土地皆有灌溉之利，故云沃野”；“言其地高陆而饶物产，如海之无所不出，故云陆海。”前面提到膏菽、膏稻、膏黍、膏稷便是蜀地特产的主食和杂粮，不愁穿的成都人也是不愁吃的。东西两汉的成都人一如既往地勤劳，成博秦汉馆展览的那盒出土于成都凤凰山汉墓的“谷物与果核”、那块出土于成都曾家包汉墓的“弋射收获画像砖”，就是最好最生动的写照与证明。特别是后者，各类教材里都有收录。上部为“弋射图”，有二人引弓射鸟，没有箭杆，可能是弹丸，尾部似有细丝线系联，这样有猎获即可拖回，所以称“弋射”；下半为“农获图”，五人正收割谷物，最左侧是一送饭人，肩上有担，手提食盒。天上飞禽，水中游鱼，田间稻香，好一派天府之国的鲜活气象，让人总忍不住会想起《诗经》里的咏唱：“弋言加之，与子宜之；宜言饮酒，与子偕老。”

吃五谷，难免会生百病。水来土掩，病来药挡。老官山汉墓曾出土一件捣药擂钵及若干木材、植物残枝、种子，经鉴定，这些植物遗存有些可能被用作香料和药物，如：肉桂、紫苏、大麻、栀子，等等。同墓同时还出土了一尊“经穴漆人”，是迄今我国发现最完整的人体经穴模型，也是近年针灸学史最重要的考古发现。另外出土了900余支竹简，大约有2万字，主要包括《六十病方》《脉书》《逆顺五色脉藏验精神》等七部医书，及兽医学专著《医马书》等，其中有与神医扁鹊相关的记载。诸如此类，大家都可以在成博秦汉馆里近距离地看到。显而易见，汉代成都的医疗水平是非常高超的。

衣食满足、健康得到保障之后，知荣辱、懂礼节的成都人便开始大搞文娱活动。左思《蜀都赋》曾浓墨重彩地描述道：当时成都人就热情好客，常常选择“吉日良辰，置酒高堂，以御嘉宾”。美酿佳肴之外，席间尚有抚琴鼓瑟、歌舞伴奏，就像我们前面提及的卓氏家宴那样，热闹非凡。汉代成都的杂耍表演也是五花八门，倒立反弓、舞剑、冲狭、扛鼎跳瓶、丸剑、跳丸，等等，不一而足。那个时候还没有麻将，人们喜欢下六博棋。六博，又作“陆博”，因使用六根博箸而得名，是中国古代一种掷采行棋的博戏类游戏。每人六棋，局分十二道，中间横一空间为水，放鱼两枚。博时先掷采，后行棋。棋到水处则食鱼，食一鱼得二筹。更多具体玩法，已失传。成博秦汉馆里有三块置于一处的东汉画像砖，分别为“歌舞宴乐画像砖”“歌舞杂技画像砖”“六博画像砖”，均出自成都曾家包汉墓，既让我们一睹当时成都生活的升平安逸，也让外地人大开眼界：原来成都人会耍会玩，是相当有传统的。

◎多知道一点

筇竹杖和冲狭

筇竹杖，顾名思义，就是用筇竹做的手杖。筇竹，又名“石竹”“罗汉竹”，产于邛崃西路山区。这一稀世之竹风格独特，驰名中外，晋书法家王羲之、唐文学家李善、宋诗人黄庭坚、清名士章发俱有诗文赞誉。

冲狭，古杂技名，类似后来的钻刀圈。汉代的“冲狭”至唐代发展为“透剑门技”，杂技艺人把篾席卷成筒状，插上利刃，投身穿跃而过。后来，人们把危险的利刃取消而创造了充分发挥身体腾跃技巧的“钻地圈”，被各地杂技团体视为传统保留节目。

第三章

隋唐五代：盛世名城的花样年华

第一节 盛世唐朝的成都，长成什么样？

◎看文物

邢窑“官”字款白瓷瓶
唐代，成都江南馆街遗址出土（成都博物馆供图）

邢窑是唐代著名瓷窑，以生产白瓷而闻名，而邢窑“官”字款白瓷瓶比较少见。但引人注目的，是这件文物的出土地——成都江南馆街。被考古工作者称为“天府第一街”的江南馆街唐宋街坊遗址，正是隋唐五代两宋时期，成都这座盛世名城的一角……

◎读成都

都知道大唐盛世一说，在中国历史上，唐代是一个极为繁盛的时期。而成都因为地理位置等原因，既有天府之国的沃野千里，又少于受到战火的影响，直到五代时期，经济的发达繁荣程度，都名列全国各大城市前茅，仅次于繁华之都扬州。成都和扬州，有个响当当的组合称号，叫“扬一益二”，堪称当时的“天团”。那么，当年“高富帅”的盛世名城，到底长成什么样子呢？多年来的考古，以及发掘出来的文物，给我们提供了很多物证。

就在 2014 年 5 月，成都文物考古研究所历经 7 个多月的艰苦发掘，在成都体育中心的考古发掘点发现了隋代摩诃池遗址。这事儿，让人们再次回想起隋代成都筑城的大工程。是的，摩诃池不仅仅是一个著名的园林水景，还跟成都这座城市的重生有关。

摩诃池最早出现在隋朝。唐代的卢求在《成都记》中记载说：“隋蜀王秀取土筑广子城，因为池。”南北朝的战乱，使成都这座城市遭受了很大的破坏，只剩下一座大城。隋代以来，成都经济得到恢复，人口俱增，百业兴旺，镇守成都的蜀王杨秀决定扩建成都子城，因为挖土筑城，形成了一个“人工湖”，后来依一位云游的西域僧人说了一句“摩诃宫毗罗”（梵语，意为广大有龙），取名为“摩诃”。子城，也有人称其为“少城”。成都的城市规模因此也得到扩大。

成都城市更重要的一次变化，是在唐代。

到了唐代中叶，成都已经发展得非常繁荣，还在东郊修了规模宏大的大慈寺，形成了宗教文化活动中心和新的商业贸易中心。但是，这时候的成都，却被一个敌人反复骚扰，那就是在金庸武侠小说里出现过的，位于云南一带的南诏国。唐代中期的南诏国势力比较强大，曾经多次入侵四川，甚至强兵围攻成都。公元876年，新官上任的西川节度使高骈，为了加强防守力量，向皇帝请求扩建成都罗城。皇帝要保住江山，大手一挥就同意了。花了近半年时间，成都人就完成了罗城的修筑。

据史书记载，高骈筑的罗城，开启了成都采用砖砌外墙的历史，使城垣十分坚固。1994年，成都文物考古研究所在中同仁路城墙遗址发现一段唐代的罗城城墙。这是目前为止所发掘的保存最好的一段唐罗城城墙，证实了史书上的记载。而在之前的1990年3月，考古学家在锦里西路（原外人民南路1号）发现一座唐代的城门，据推测为笮桥门遗址。这个发现也证实当时城墙采用了夯土外加包砖的方式修筑。人们甚至还在城墙上发现了汉代和晋代的墓砖，说明当时高骈为了赶工期，竟下令开掘古墓取砖来筑城……这，真是有点毁三观。

高骈筑的罗城规模宏大，按《创筑罗城记》的记载，称其“凡二十五里”，有街道120条，仅城门就有七座，包括大东门、小东门、万里桥门、笮桥门等等。罗城不但起到了防敌的作用，还改变了成都大城少城相接的格局，成为内外二城相套的结构。作为修筑罗城的配套工程，高骈还改凿护城河，使郫江改道，在城东南角，即现在的合江亭处与检江会合，使成都形成了二江抱城的格局。这个具有历史意义的大工程，使唐代以后的成都城市格局和规模，都局限在二江环抱之中，没有太大的变化。

说了一大堆关于城墙的事，来说点“城里”的事吧。前面提到的江南馆街唐宋街坊遗址，即为唐宋时期“城里人的那些事儿”留下的遗存。

江南馆街唐宋街坊遗址是在修建如今著名的IFS（国际金融中心）时发现的，曾被评为“2008年度全国十大考古新发现”，因其身处现代都市中心，且出土的唐宋时期古城街道、房址和完备地下排水系统国内少见。从遗存中可以看到，这里有道路，有沿着道路两侧错落有致的房子。各间房子虽大小不一，但均面向街道开门。可以想象，当时这里是非常有生活气息的，人们住的是“街房”。

如果你有兴趣，可以去现在IFS南端的古迹广场，蹲在玻璃地板上往下看，就能一睹被保护起来的遗址真面目。

唐代成都的城市管理，推行里坊制，城里有金马坊、碧鸡坊、文翁坊等十六坊，而其中的富春坊，则位于现在的东大街附近。江南馆街位于富春坊的东北隅“大区”内。而“坊”是居民区，“市”则是商业区，“坊”与“市”用围墙隔开。但这种格局，到了唐朝中后期，慢慢被富有商业头脑的成都人打破了，作为居民区的“坊”里，慢慢也有了商业交易，比如富春坊里就有一直营业到晚上的酒市。

江南馆街唐宋街坊遗址，以及后来的正科甲巷遗址和东华门遗址，都有大型的地下排水系统，如水渠、暗沟，甚至有用巨大楠竹连接的地下废水排放管道等。都说地下管道是“一座城市的良心”，可见当时作为一个大城市的成都，在城市规划和设计方面，已经具有相当高的水平，并十分的人性化。

如果说这些街坊遗址反映了唐朝成都的街道情况，那么当时成都人的屋里又是怎样的呢？这也有考古发现和文物为证。

在2014年的正科甲巷遗址，就在江南馆街附近，发现清理出房屋11座、排水渠（沟）12条、道路2条，并有大量碗、盘、盏、罐、壶、瓶等日常生活用具。看到这些遗存，我们完全可以生动地想象，唐代成都人的城市生活，是怎么一回事。而早在2001年的时候，杜甫草堂在施工时也发现一处大型的唐代房屋遗址，出土了包括碗、盘、罐、香粉盒子等生活用品，还有水井、墙基、柱洞等等，可以说完整还原了当时成都普通人的生活场景。

当然，整个隋唐五代时期，成都这座城市一直都在继续生长。

五代后唐时期，西川节度使孟知祥发动20万民夫，花了一个多月时间，在成都罗城外修筑了羊马城，作为城市的外郭。羊马城很大，“周围凡四十二里”，是为了防御守敌而建。而孟知祥的儿子孟昶喜欢芙蓉，于是在城墙上遍种芙蓉，秋天开花的时候，“四十里如锦，高下相照，因名锦城”，这就是“芙蓉城”和“蓉城”的由来。

羊马城与罗城、皇城、宫城开成四重城套城的格局，是近代之前成都城市规模最大的城垣。不过，因为羊马城本来就是泥土筑成，后来又缺乏维修，慢慢就坍塌废掉了。

◎多知道一点

火烧笮桥门

在发掘清理笮桥门遗址时，考古专家发现有一个有趣的现象，即城门包门的铁皮有被火烧的痕迹，而且城门门道中也有大量的红烧土。显然，笮桥门毁于一场大火。但让人惊讶的是，板门外的铁皮，竟然因高温烧灼呈熔化状。

分析认为，如果说仅仅是“城门失火”，威力是不会如此巨大，那么就有一种可能，即罗城的城墙和城门过于坚固，敌人在进攻时无计可施，于是在城门处堆放大量易燃的东西，进行焚烧攻城。这在冷兵器时代的战争中，并不鲜见。

你能想象，当时的战争到底有多激烈吗?

第二节：唐朝成都人，到底有多潮？

◎看文物

镂空金香囊 唐代（成都博物馆供图）

金香囊作为一种熏香器，在里面盛放香料，作为室内熏香或者随身携带。在唐宋时期，可谓时尚配饰。

邛窑黄绿釉高足瓷炉
晚唐—五代，成都金河路遗址出土
（成都博物馆供图）

邛窑是著名古代陶瓷名窑，始烧于南北朝，盛于唐五代两宋时期。这件邛窑黄绿釉高足瓷炉炉身通体贴塑三重卷曲莲瓣，每层花瓣上模印手持菩提枝的飞天，精致美观又实用。

◎读成都

隋唐五代及至两宋时期，成都以“江山之秀、罗锦之丽、管弦歌舞之多、会巧百工之富”而闻名天下，堪称国际大都会、盛世之名城。而这座城市也是引领时尚之城，彼时成都人的生活，那也是非常之“潮”。连杜甫初到成都，都不得不赞叹：“喧然名都会，吹箫间笙簧。”热闹得让他眼花缭乱啊。

说到时尚生活，自然首先想到女性。从后蜀赵廷隐墓出土的乐伎俑中，有很多面容姣好，仪态曼妙的女性。仔细观察会发现，她们大多梳着高大而复杂的发髻，显然这是一种时尚。一些考古和文献也证实，唐代女性，特别是晚唐五代时的女性，还常以金、银、珠、翠制成各种花鸟凤蝶形状的簪、钗、梳、篦，插在高高发髻上，来作为装饰。虽然有很多繁缛的细节，但显然当时的女性朋友，很愿意把心思花在梳妆打扮上。这大概跟当时的社会经济发展较好，有钱有闲的生活状态有很大关系。

成都的蜀锦织造工艺十分先进，图案设计上吸收波斯、粟特等纹饰特点，在传统的基础上还有那么一点“潮”。唐蜀锦又称“蜀江锦”，因为织造精良、图案精美而驰名，不但是上进朝廷的贡品，还通过丝绸之路远销世界各地。当时的成都，堪称引领世界时尚的城市。而生活在这座城市的“时尚达人”们，显然功不可没。

从两汉时期，成都就有崇文重教之风，是一个跟齐鲁相提并论的全国性文化中心。“巴蜀好文雅”这种风气，到了隋唐五代，及至两宋，都十分兴盛，出了很多诗人，也吸引了很多诗人到成都来。李白、杜甫，直至前后蜀的花间词派，都是当时的“巨星”。所以，那时候，成都人读书作诗很流行。从文物来说，位于成都邛崃的邛窑，生产过一种全国闻名的省油灯，深受读书人喜爱。那时候，晚上需要用灯，而且耗油量大的，估计大部分还是读书人吧。而宋代的陆游甚至专门研究过晚上读书如何省油："书灯勿用铜盏，惟瓷盏最省油。蜀有夹瓷盏注水于盏唇窍中，可省油……"明确提到产自四川的这种省油灯。

读书之余，人们也喜欢欣赏舞蹈和音乐。成都王建墓和赵廷隐墓的考古发现，以及里面出土的文物，都充分证明，在唐代，特别是晚唐和五代时期，舞蹈和音乐十分流行，是贵族达人生活中不可或缺的娱乐活动。而以贫穷著称的杜甫，住在成都期间，在他的一首诗中就写道："东望少城花满烟，百花高楼更可怜。谁能载酒开金盏，唤取佳人舞绣筵。"他虽然住在西郊，日子过得清苦，但也希望有朋友请他去城里喝酒，并且要有舞蹈助兴。

前蜀王建墓出土的二十四乐伎石刻，以及后蜀赵廷隐墓出土的大量彩绘乐伎俑，前者是宫廷乐队，后者是家养乐队，可见成都十分流行摆宴席赏歌舞听音乐，这样的娱乐方式，应该是大受欢迎。想必当时也有不少歌舞方面的"明星"。

众所周知，现在的成都人爱喝茶。其实，早在唐朝的时候，成都人就喜欢饮茶。不过，那时候在文人和僧道中流行的饮茶法，跟现在略有差别，叫“煎茶”，又称为“煮茶”。大概就是将饼茶碾成茶末，然后通过煎水、调盐和投茶、分茶等程序来完成饮茶，属于茶艺。而当时四川人煎茶常放姜和盐，相对而言，是比较独特的煎茶之法了。还有一种开始于唐代的饮茶法，叫“点茶”，到了宋代也成为时尚。

本节开篇介绍的两件文物，镂空金香囊和邛窑黄绿釉高足瓷炉，其实都跟唐代成都人的流行生活方式有关，那就是——焚香。而在成都博物馆，从唐代至两宋期间，与焚香有关的文物，还有很多。唐代与外国经济文化交流频繁，也输入了不少香料，融和中国传统的香文化，香事盛行，一直到两宋时期，融入祭祀和祛疾等日常生活中。作为当时大都会的成都，自然也免不了这样的流行生活方式。

在前蜀时期，一个名叫李珣的香料商人，祖籍波斯，还专门写了一本《海药本草》的书，记载各种香料。而李珣的妹妹李舜弦是蜀主王衍的昭仪，因此与前蜀宫廷关系十分密切，自然也把焚香这样的事，向贵族们作了推广。在家读书、弹琴和闲谈，焚上香，外出则带上香囊，走到哪里，都是一阵香风。想一想都觉得特别美好。

其实，唐末五代的成都，除了李珣，还有众多胡商，他们或者短期经商，或长期驻留，对成都的经济文化发展产生了很大的影响，不但带来大量的进口香料，还带来了音乐等，使得成都异域之风盛行。在成都保和乡张虔钊墓出土的后蜀力士像石刻，均为卷头发、高鼻梁，显然都是以“老外”为模特而雕刻的。另外，成都还出土过唐代和五代时期的邛窑胡人俑，生动地反映了当时“老外”们在成都的生活状态。

◎多知道一点

唐朝成都人喜食生蒜，熏人呐！

现在说起成都人，说起川菜，都知道我们喜欢吃麻吃辣，很多菜也确实比较重口味。但是，辣椒是在明代才传入中国的。自古好食辛辣的成都人，以前靠什么来“除湿”呢？说出来你可能想不到，在唐朝，四川人居然喜欢嚼食生蒜。想一想，也是醉了吧？

这个爱好，一直持续到宋代以后，才算消停。因为直到南宋时期，著名诗人范成大曾到成都来做官，居然“为食蒜者所熏”，遂作文记录了下来，还戏作了一首诗——

巴蜀人好食生蒜，臭不可近。顷在峤南，其人好食槟榔，合蛎灰、扶留藤（一名蒌藤），食之，辄昏然，已而醒快，三物合和，唾如脓血，可厌。今来蜀道，又为食蒜者所熏，戏题。

旅食谙殊俗，堆盘骇异闻。
南餐灰荐蛎，巴馔菜先荤。
幸脱蒌藤醉，还遭胡蒜熏。
丝莼乡味好，归梦水连云。

第三节：唐代的成都造，到底有多牛？

◎看文物

团窠对兽纹夹联珠对鸟纹半臂　唐代（成都博物馆供图）

这件半臂由两部分组成，色彩较为黯淡的一半为典型的陵阳公样织锦，色彩较明亮的一半是来自西域的粟特锦。这件半臂所用的织物，可以说是“中西合璧”，一半是中国的陵阳公样，也就是蜀锦，另一半是西方的粟特锦，又叫“波斯锦”。这件织物充分地体现出中西方文化和经济的交流。

◎读成都

在成都博物馆隋唐五代展馆（以下简称“成博隋唐五代馆”）的入口处，摆放着一艘大木船，船里装满蜀锦、茶叶、瓷器等等货物，旁边的说明牌上写着“蜀船红锦重”……大船的对面展柜里，就是这件名为“团窠对兽纹夹联珠对鸟纹半臂”的唐代蜀锦文物展品。

那大木船自然是一个艺术品，试图还原唐朝时期成都商船出发前的情况。所谓“濯锦清江万里流，云帆龙舸下扬州”“门泊东吴万里船”……当时，这些装满了蜀锦、茶叶、药材、瓷器、酒、麻制品等“成都造”商品的大船，就从万里桥出发，行销至长江中下游一带。可见那时候的“成都造”，还是非常受欢迎的品牌，而蜀锦，便是其中的佼佼者。

而“蜀船红锦重，越橐水沉堆”一句，原本出自唐代诗人杜牧描写扬州繁华的《扬州三首》。彼时大都市的扬州繁华，也离不开这贵重的“红锦”来衬托。蜀锦，在唐代可以说是成都的一张“城市名片”。

四川可能是世界上最早养蚕、缫丝和织绸的地方。早在春秋早期，蜀人就把用蚕丝织成的帛（锦的雏形）运到秦国去卖，《尚书》中记载，春秋战国时期，当时的人就把成都造的织锦称为“蜀锦”了，到了秦并蜀之后，成都还建了蜀锦的专门生产工厂“锦官城”。但要说蜀锦最兴盛，还是在唐宋时期。也怪不得“蜀船红锦重”在扬州大都会也如此引人注目。

唐代的蜀锦织造精良、图案精美、新品倍出，也因此名扬海内外，这正是它织造技艺和设计艺术达到巅峰的体现。唐代的织造技术中，有一种束综式提花织机得到普及，使得织锦色彩转换达到数十种之多，也因此呈出不同风格的纹样。而影响最为深远的设计，当属“陵阳公样”。

说是在李世民做皇帝那段时间，成都出了一个名叫窦师伦的天才设计师，他创制了一批蜀锦的纹样，比如有瑞锦、对雉、翔凤、游麟等等，还在传统技艺的基础上，融合吸引了波斯、粟特等纹饰特点，连长安官办的“织染署”也大多采用窦师伦设计的纹样。据说当时的贵族妇女，如果能拥有一件窦师伦设计的锦衣，那就非常有面子。大概相当于现在的限量版 LV 包包了，可以发微信朋友圈晒一晒。而窦师伦因为出色的设计才能，被封为

“陵阳公”，而他设计的纹样，就被称作“陵阳公样”。“陵阳公样”出现后，蜀锦织造艺术达到了巅峰。

唐宋时期的蜀锦，除了织造技术高超质量好，图案和花样丰富漂亮，在色彩方面也是一绝，它不但色彩绚丽，而且经久不褪色。这就要提到蜀锦中独特的“草染”法——以植物色素染锦！各种颜色取自不同的植物，堪称生态又环保。那时候，四川农村到处都种有用于染色的草，如兰草、姜黄、紫草、红花等等，城里则开有卖染料的染料，生意很好。另外，四川还产一种作为红色染料的丹砂，也丰富了丝织品、刺绣品的色彩。

这些高品质的蜀锦，生产出来之后，都被用在哪些地方了呢？第一，当然是向皇宫进贡。在唐代，四川为皇室生产贡锦的地方，包括成都府蜀郡（益州）、蜀州安郡（崇州）和锦州巴西郡（绵阳）。开元年间，益州向朝廷进贡罗、绫、绢等达十多万匹。而一些达官贵人，更是以收藏蜀锦为乐事，甚至作为贿赂品送给上级官员，以谋求利益。

更为重要的是，蜀锦通过长江水运和南北丝绸之路，远销海内外。在考古发现中，青海都兰、新疆吐鲁番等丝绸之路沿线各地出土了大量唐代蜀锦，呈现出蜀锦远播域外的途径与盛况。同时，也说明成都，实在是丝绸之路上的一颗明珠。在日本的奈良正仓院和法隆寺，至今仍保留着日本遣唐使带回国去的蜀锦用品，包括一只琵琶锦袋，十分珍贵。

说到“万里船”上的成都造，就不得不说“益州麻纸”。作为全国著名的造纸中心，唐宋时期成都的造纸业非常发达，城西的百花潭、浣花溪两岸，以及双流等地，都是造纸作坊林立。成都当时生产的纸，品种也多，其中“大小黄白麻纸”最为有名，是官府指定的官方用纸，连朝廷的宫廷藏书，也是用益州麻纸书写。另外，还有女诗人薛涛发明的“薛涛笺”，作为一种专用于写诗笺纸也名扬天下。据说后来薛涛雇工匠开起了“造纸厂”，专门生产她的“薛涛笺”。

既然造纸这么厉害，成都印刷产业也是相当发达了。到了唐代末年，竟发展成为全国三大雕版印刷中心之一，各种“印刷厂”和“书商”层出不穷，印行的书籍远销日本、朝鲜等国。现在还有文物可考的印书坊有“西川过家”、成都“卞家”“樊赏家”等。1994年，在望江楼公园附近的一座唐墓里，出土了一册“成都府成都县龙池坊卞家印卖咒本”，是国内现存最早的唐代印刷品实物。

左上　省油瓷灯
晚唐—五代，成都地区出土（成都博物馆供图）
右上　省油瓷灯
唐，成都指挥街遗址出土（成都博物馆供图）
左下　邛窑褐绿双彩单柄花口瓷杯
唐，成都地区出土（成都博物馆供图）
右下　青瓷菱花口盘
唐—五代，邛窑遗址出土（成都博物馆供图）

还有一项著名的唐代“成都造”，是瓷器。唐代的成都，制瓷业有很大的发展，尤以青羊宫窑和邛窑为代表。而位于现在邛崃的邛窑瓷器，更是十分引人注目。邛窑始于两晋南朝时期，在隋至初唐时形成了比较大的生产规模，至唐末五代时期，则达到了它的第一个高峰。甚至有人提出，著名的汝窑也是来自邛窑。唐三彩瓷器非常出名，而唐代的邛窑烧制的高温釉下三彩器，釉面工艺比北方唐三彩更为稳定，因此也有人推测，当时走出国门的唐三彩中，说不定也有“邛三彩”。实际上，五代时期邛窑一度成为朝廷官府定烧瓷器的场所，五代之后，产品更是远销各地。

成为盛世名城的成都，在唐代手工业和农业都极为发达，除了这些典型的“成都造”，还有酿酒、漆器、金银制品等行业都有很大的发展。由于唐宋时期，成都的交通状况得到了改善，比如对川北褒斜道危险地段进行了加固，扩展了经灌县、松潘去西域的道路，前往南诏的交通也得到了恢复，特别是水上航运的发展，为这些“成都造”走向全国、走向国外都提供了便利。也因此，成都成为全国性的商业贸易中心，成为非常繁荣的大都市。

◎多知道一点

两件传说中的神奇蜀锦

蜀锦之美，在一些文字记载中被夸到让人惊叹的地步。比如其中一件“单丝碧罗笼裙”。说是唐中宗时期，安乐公主觉得自己的嫁妆中，差一件拿得出手的极品，就想找一件蜀锦来撑面子。想方设法，最终向四川方面索来一条“单丝碧罗笼裙”。据说这条裙子用细如发丝的金丝线织成花鸟，鸟雀竟只有米粒大小，但是却能清楚地看到鸟雀的眼、嘴和趾甲，堪称巧夺天工。

唐代末年的文学家陆龟蒙写过一篇《纪锦裙》，也说到一条蜀锦裙。说这锦裙前侧左边织了20只鹤，每一只都衔着花草，作展翅欲飞状。而右边则织了“耸肩舒尾”的20只鹦鹉，锦面空白处上还织了些花草。陆龟蒙说它“微云锁结，牙以相带，有若皎霞残红，流烟堕雾，春草夹径，远山截空，石泓秋水，印丹浸漏，粉蝶涂染……条段斩绝，分画一一有去处，非绣非绘，缜致柔美，又不可状也……”实在令人惊叹！

第四节 宗教与生活：唐玄奘在成都

◎看文物

佛顶尊胜陀罗尼经幢
唐代，成都地区出土
（成都博物馆供图）

佛顶尊胜陀罗尼经幢，是指刻着《佛顶尊胜陀罗尼经咒》的石柱，其形状多为八面形。唐代时期，佛顶信仰兴起于洛阳、长安，又传播到四川地区，其中《佛顶尊胜陀罗尼经》最为流行。

◎读成都

《西游记》家喻户晓，其中唐僧师徒历尽艰辛赴西天取经的故事，更是充满励志的正能量，曾是中国人世代相传的心灵鸡汤。但可能很多人不知道，《西游记》中唐僧的原型，唐代的三藏法师玄奘，在前往印度取经之前，曾在成都学习佛教经论达四五年之久，并在成都大慈寺律院受具足戒（佛教中比丘、比丘尼受持的戒律）。

玄奘（602 年—664 年），唐代著名高僧，河南人，俗家姓名“陈祎”，法名“玄奘”，被尊称为“三藏法师”，后世俗称“唐僧”，中国佛教三大翻译家之一。唐高祖武德元年（618 年），由于战乱，玄奘与兄长来到四川，之后在成都学习。而他在成都期间，一边研习佛教经典，同时也常在大慈、空慧等寺讲经，很有名气，也为蜀人所景仰。后来，他又回到长安，开始了赴西天取经的壮举。

成都大慈寺，始建于魏、晋，极盛于唐、宋，历史悠久、规模宏大，被称为“震旦[①]第一丛林”，至今仍存。大慈寺所在地，现在已经是成都市中心，旁边是繁华的太古

① 震旦，古印度语之“中国”。

里和红星路步行街，也有前面提到的江南馆街唐宋街坊遗址，可以说是成都自唐宋以来繁华都市的见证者。

玄奘到成都来学习佛教经论，还有一个原因，就是当时的成都高僧大德云集。唐五代时期，唐代成都佛寺众多，大慈寺、宝光寺、昭觉寺、菩提寺、宁国寺、净众寺等分布城内各地。据《续高僧传》《宋高僧传》记载，隋唐时期益州的高僧有 28 人，仅次于长安和洛阳。而成都又地处在南北丝绸之路的枢纽，包容性强，融汇吸收，使佛教信仰迅速传播。

唐天宝十五年（756 年），安禄山造反，攻陷了长安，唐玄宗吓得落荒而逃，一路跑到成都。据说玄宗因为见到大慈寺僧人英干在街头施粥救济贫困百姓，很是感动，于是御笔亲书了“大圣慈寺”几个大字，作为寺院匾额。第二年，无相禅师受命重建大圣慈寺，使大慈寺成为蜀中规模最大的佛寺。而无相禅师实际上是朝鲜人，出家前是新罗国②的王子，人称金和尚。这也充分说明了当时成都的“国际化”。

后来，唐武宗灭佛，大慈寺因有唐玄宗题额，故“不在除毁之例”，是当时成都唯一保存下来的佛寺。

② 新罗，公元前 57 年—935 年，朝鲜半岛国家之一。

大慈寺不仅仅是佛教圣地，也是一座艺术宝库。由于唐玄宗、唐僖宗先后来到成都，许多著名画师也跟着过来，使成都绘画之风十分兴盛。仅在大慈寺中，就有壁画千余堵。宋代李之纯《大圣慈寺书记》记载："举天下之言唐画者，莫如成都之多；就成都较之，莫如大圣慈寺之盛。"就是说，唐画以成都最多，而成都的唐画则以大慈寺的最多最好。

其实，对于普通老百姓来说，佛教信仰只是生活中一小部分，更多也借此丰富生活。大慈寺在最兴盛的时候，可以说占了成都东城的一小半，同时也是很出名的"旅游区"。附近的江南馆街唐宋街坊遗址也显示，当时大慈寺附近的商业很繁荣。根据宋代《方舆胜览》的记录，寺前还有灯市、花市、蚕市、药市等季节性的市场，寺前的解玉溪两岸还有热闹的夜市可逛。到了庙会期间，更是扶老携幼、帅哥美女都要来闲逛游玩。这一情况持续到宋代，更是繁盛，成都太守田况写了一首《七月六日晚登大慈寺阁观夜市》诗，说："万里银潢贯紫虚，桥边螭辔待星姝……"可谓人山人海，火树银花。

佛教的兴盛，既丰富了百姓的生活，让思想有了寄托，也在客观上促进了文化艺术的传播和传承。前面说到大慈寺的壁画艺术是一例。而在当时，一些僧侣和信众，经常采用在石头上刻经，然后藏到深山的方式，来保存佛教典籍，因此留下大量的石经、经幢和摩崖造像，如前面介绍的佛顶尊胜陀罗尼经幢就是一例。又如在清代光绪年间，就曾在都江堰灵岩山发现唐代佛教徒镌刻封藏的石经，规模宏大，种类繁多，令人赞叹。

菩萨头部石像 唐代，成都地区出土（成都博物馆供图）

而摩崖造像更是精美的艺术品。由于成都周边有很多丘陵地区，一些岩体就成为佛教摩崖造像的雕刻的绝佳场所。隋唐五代时期，因为中原战乱等原因，大量画师与工匠来到成都，为我们留下了许多题材丰富、技术精湛的摩崖石刻遗存，如邛崃的石笋山、花置寺、磐陀寺，蒲江的飞仙阁、龙泉寺等的摩崖石刻，至今仍保存良好。

在唐代，道教在成都也得到很大的发展。由于李唐王朝尊奉老子李耳为宗亲，因此道教得到政府的支持而在全国迅速发展。作为道教中心地区的成都更不例外，唐僖宗逃难到成都，干脆住在玄中观（青羊宫）中。有了唐代的铺垫，到了中原混战的五代十国时期，桃花源般的成都就成了全国道教活动的中心地区。道教文化中避世的逍遥安逸气质，也在成都人身上发挥到了极致。

佛教和道教等宗教的盛行，还促进了成都印刷业的发展。中国的雕版印刷术发明于唐代初期，到中、晚唐后特别流行，但早期的印刷品多以宗教、历算、医药等为主要内容，刻印地点则集中于以成都为中心的西川地区，这一地区的印刷品被称为“西川印本”。如现藏于北京中国历史博物馆的梵文印本《陀罗尼经咒》；被斯坦因等盗走的敦煌卷子中，至少有8件《金刚经》标有“西川印本”“西川过家真印本”字样；唐懿宗时，一个法号叫宗睿的日本和尚到过成都，临走前专门买了一些成都印刷的图书带回国，其中两本《唐韵》和《玉篇》，分别是音韵书和字书。前蜀时，著名高僧贯休的徒弟刻印了贯休的诗集《禅月集》，任知玄自掏腰包请人刻印杜光庭的《道德经广圣义》30卷……“西川印本”的品牌效应一直持续到宋代，让“蜀本”名扬天下。

中国的宗教生活，大多跟世俗生活彼此融汇、互相影响，历来开放包容、安详闲适又乐观随和的成都人，更是如此。如无相禅师在成都修禅，见成都人喜爱饮茶，竟慢慢学习养成了饮茶的习惯，并发明了“无相禅茶”的制茶之法，为成都的茶文化增加了更丰富的内容。

◎多知道一点

“跨界达人”贯休玩转成都

唐末五代时期的贯休，堪称一个“跨界达人”，他不但是一位得道高僧，更是著名的诗人、画家和书法家。而他的晚年生活，是在成都度过的，死后也葬在成都。

贯休小时候因为家庭贫穷而出家，又身处乱世，一生漂泊不定。晚年时候，他来到成都，受到前蜀皇帝王建的礼遇。贯休第一次见王建时，献了一首诗：“河北江东处处灾，唯闻全蜀无尘埃。一瓶一钵垂垂老，千水千山得得来……”因此被王建称为“得得和尚”。贯休性格刚直不阿，诗作里充满忧国忧民之情，甚至当着皇帝王建和蜀中高官贵族作诗抨击权贵，但王建大度容人并没有怪罪于他，还建了龙华禅院，让他当住持，赐号“禅月大师”。

贯休留有诗集《禅月集》、画作《十六帧罗汉像》等，因为俗姓姜，他的书法又被称为“姜体”……成都实在是一个宜居的养老之地，贯休在成都终老，直到81岁时逝世。

第五节　作为诗歌和音乐之都的成都

◎看文物

左图　彩绘陶吹排箫俑
右图　彩绘陶琵琶俑
后蜀，成都龙泉驿区赵廷隐墓出土
（成都博物馆供图）

赵廷隐墓出土了文官俑、武士俑等彩绘陶俑近50件，其中有20余件伎乐俑，包括乐俑、歌俑和舞俑，执有琵琶、笙、排箫等乐器，堪称一整支歌舞乐队。

◎读成都

成都是一座文化名城，曾经“以文辞显于世”，“文章贯天下”，自汉以来，出过不少大文豪大诗人。至唐、五代至两宋时期，更是“诗人从此蜀中多，唐有李白宋有苏”（郭沫若《蜀道奇》）。而五代前蜀和后蜀期间，由于成都远离战火，皇家贵族耽于享乐，各地艺术家纷纷来到成都，使诗歌和音乐成为时尚的生活方式。

且以“李杜”为例。唐开元九年（721年）春，二十一岁的李白来到成都，拜访益州长史苏颋，并瞻仰了司马相如琴台、扬雄故宅。是年，李白留下一首著名的《登锦城散花楼》来称颂成都的美景：“日照锦城头，朝光散花楼。金窗夹绣户，珠箔悬银钩。飞梯绿云中，极目散我忧。暮雨向三峡，春江绕双流。今来一登望，如上九天游。”当时的散花楼为隋朝杨秀所建，在摩诃池旁，目所极处，皆是成都春色。

而杜甫曾先后在成都住了三年零九个月，不但留下《蜀相》《茅屋为秋风所破歌》《春夜喜雨》等大量脍炙人口的诗作，还留下了草堂胜迹。其他如薛涛、元稹、岑参、王勃、孟浩然、高适、李商隐等诗人，都曾在成都留下诸多壮丽诗篇和锦绣文章，为成都“诗歌重镇”的大旗增色不少，使成都的文学艺术成就达到新的高度。

及至唐末五代时期，因为中原战乱，大量文人经剑门古道入蜀避祸，一时间，成都再次成为全国文化中心、诗歌重镇。前后蜀二朝，小朝廷在成都偏安一隅，哪管他刀光剑影，只管醉生梦死，诗酒狂欢。也因此，衍生出中国诗歌史上重要的“花间词派”，写尽成都“好日子”。赵廷隐之子赵崇祚还编选了《花间集》，搜录晚唐至五代十八位词人的作品，共五百首。十八位词人中，竟有十五位都是活跃于五代十国的后蜀，或是蜀地人，或是旅居于蜀。而后蜀皇帝孟昶自己也是一位文学爱好者，喜欢舞文弄墨，填词写诗，在946年除夕，他还写了一副春联——“新年纳余庆；嘉节号长春”，据称这是历史上的第一副春联。

《花间集》中的词，其实也是当时教坊中歌唱之人的唱词选本，与音乐联系在一起的。而在2010年开始发掘的赵廷隐墓，位于龙泉驿区十陵镇。赵廷隐是唐末五代时期一位很出名的战将，一生战功显赫，官至太师，被后蜀皇帝封为宋王，地位极高。墓里出土的一件长1.2米宽1米的陶质庭院，再现了其生前的府邸豪宅的规模和样子，奢华程度不一般。而其中出土的20余件伎乐俑，则从一个侧面反映唐末五代时期成都的音乐盛况，时人称成都为“音乐名都会”，看来绝对名不虚传。

这 20 余件伎乐俑堪称一支庞大的歌舞乐队，每一尊均高约 0.6 米，按装束及姿态分为乐俑、歌俑和舞俑，衣着服装鲜艳富丽，其中一部分的服饰有典型的异域风格，所执乐器包括琵琶、羌鼓、齐鼓、笙、排箫等……这是西南地区发现的最精美伎乐俑组合，生动地再现了五代女性的服饰和音乐情况。

彩绘陶吹笛俑
后蜀，成都龙泉驿区赵廷隐墓出土
（成都博物馆供图）

其实，成都的音乐文化之盛，从唐、五代至宋代一直闻名全国。杜甫曾有写过一首诗说："锦城丝管日纷纷，半入江风半入云。此曲只应天上有，人间能得几回闻。"《太平广记》里曾记载过成都"丝竹竞奏"的盛况，说唐玄宗天宝末年，成都百艘楼船游城南锦江，"丝竹竞奏"的声音传出数十里，堪称当时的民间"音乐节"。

在成都永陵，即前蜀皇帝王建的墓里的“二十四伎乐”，则是当时宫廷音乐的写照。棺床的南、东、西三面刻有舞伎2人，乐伎22人，演奏的乐器达20种23件，堪称一支完整的宫廷乐队。这批石刻和赵廷隐墓的伎乐俑，是唐五代音乐舞蹈资料中最全面、最系统和最直观真实的两种。

可见在五代时期，成都地区音乐之风在朝野都是时尚和流行。《蜀梼杌》一书中说：（蜀地）“村落闾巷之间，弦管歌声，合筵社会，昼夜相接”，说成都是“音乐名都会”，一点都不为过。

另外，唐末战乱时期，还有很多画家来到成都，给西蜀画坛带来了新技新风。加上当权者的支持，发展更是很大，如前蜀宫中设了“内廷图画库”，后蜀则创立了“翰林图画院”，涌现了一批绘画宗师，如孙位，黄荃、石恪、贯休等。

其实，王建这个人大字不识一箩筐，完全是个粗人，自小从老家河南舞阳城郊跑出来盲流，做过“盗贼”等等非法营生。可他做了皇帝后，偏偏热爱文化，而且对音乐、舞蹈、绘画这些艺术异常地热衷。“吾为神策军将时，宿卫禁中，见天子夜召学士，出入无间，非将相比也。”他是要学唐皇帝的，说不定还是非常真诚的。所以网罗了一大帮文化人，立志要把这个新国家建设好，向贞观之治看齐。此后他的儿子王衍，以及后蜀的当权者，都对文学和音乐保持着热情，比如孟昶、花蕊夫人都爱填词写诗，这无疑推动了五代时期成都的文学和音乐的繁荣。

成都在唐五代时期，经济文化皆很繁荣，领国内风气之先，加上地理位置特殊，一边将中原和西域音乐文化引进，一边又沿南方丝绸之路传播，成为多元音乐文化交融和发展的枢纽，对后世影响也极大。

◎ 多知道一点

《花间集》：我国第一部词集

《花间集》集中收录晚唐至五代18位词人的作品，共500首，分10卷。18位词人除温庭筠、皇甫松、和凝外，其余15位皆活跃于五代十国的后蜀。或生于蜀中，或宦旅蜀中，包括韦庄、毛文锡、欧阳炯、李珣等。集子中的词作都是文人贵族为歌台舞榭享乐生活需要而写，内容上虽然有缺点，但在词史上却是一块里程碑，标志着词体已正式登上文坛。《花间集》是我国第一部词集。因这批人词风近似，故史称“花间词派”，而花间派是我国第一个词派。花间词规范了“词”的文学体裁和美学特征，最终确立了“词”的文学地位，并对宋元明清词人的创作产生了深远影响。

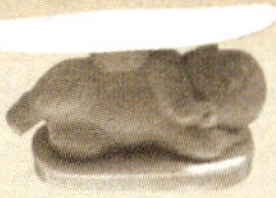

第四章

宋元时期：纸币发源地　西南大都会

第一节　花园水景城市：成都人生活美美美

◎看文物

庭院道路　南宋，成都天府大剧院工地出土（成都博物馆供图）

2012 年天府广场东北侧古遗址（东华门遗址中摩诃池附近）发现了保存较好的南宋庭院路面及道路遗迹。此处展示的庭院路面遗迹长 4.9 米，宽 3.1 米，为砖、卵石拼砌出各种图案的南宋庭院道路局部。

◎读成都

2014年8月，来自全国的考古和文物保护专家，在成都开了一个高规格的论证会，将位于成都体育中心南侧发掘的7.5亩遗址，命名为东华门遗址。而成都市政府已经决定在这一区域建设一片面积约0.5平方公里（50万平方米）的蜀都遗址公园。相信在不久的将来，成都人又有一个休闲的文化场所喽。

东华门遗址发掘数年来，发现了从汉代到清代1000多年的文化遗存，特别是此前存在于文献诗词中的摩诃池，被发现“真身”，这一发现对认识古成都提供了地理坐标。而天府广场东北侧古遗址中的这一处南宋庭院路面及道路遗迹，也在东华门遗址中摩诃池附近，可能正好在摩诃池东南岸附近。

摩诃池，最早是隋朝蜀王杨秀修筑成都子城挖土方留下的一个巨坑，到了唐代中期，慢慢发展成为游湖胜地。前蜀时期，摩诃池先被改为龙跃池，后来又被扩建为皇家禁苑，水域面达1000亩左右。摩诃池在历代文人墨客的笔下多次出现，如杜甫在成都期间，就经常和好友严武等文朋诗友在摩诃池游玩喝酒；儒士畅当，还写过一首五律《偶宴西蜀摩诃池》，说摩诃池“珍木郁清池，风荷左右披……”到了宋代，摩诃池仍是城里游玩的绝佳之地，诗人陆游就经常去，而且每次去感觉都不一样，因此赞叹说："摩诃古池苑，一过一销魂。"不过，摩诃池最终还是在历史的烟云中消失了。

其实，如果说成都在唐代是二江抱城，那么到了宋代，成都就成了一个水景花园城市。除了摩诃池，还有江渎池、碧鸡坊、散花楼、合江园等十多处池苑楼阁，园林之众多，在全国都是排在前列的，而且无论官家园林还是私家园林，都竞相开放，风光之迤逦让人目不暇接。

唐代的薛涛曾住在碧鸡坊，这个地方种的海棠特别富艳。宋代诗人陆游在成都期间曾去游玩，后来写了一首《病中久止酒有怀成都海棠之盛》，说："碧鸡坊里海棠时，弥月兼旬醉不知。"散花楼位于摩诃池旁，因为李白曾写过一首《登锦城散花楼》而闻名天下，是当时成都登高赏景的好地方。散花楼后来毁于元人攻进成都的战争中。合江园位于东南廓外，"芳华楼前后植梅极多"，是个赏梅的好地方。当时，成都还有东园和西园等私家园林，都是有池有阁，风景秀美。

另外，城里还有四条河渠，即解玉溪、金河、府河和南河，为成都带来水的活力，也增加不少绮丽风光。

解玉溪位于大慈寺前，是唐代贞元年间韦皋扩修大慈寺普贤阁时，在寺前凿的一条人工溪流，两岸一度是夜市集中区。解玉溪大概在元代时消失了。金河建于唐朝晚期，曾是成都的地理坐标和历史文化的象征，全长5公里，穿城而过，今天的青石桥曾横跨金河。这条古河道，直到上世纪60年代，被改为人防地道。现在的“金河路”地名，即来源于此。

可以想见，两宋时期的成都人，大概跟现在差不多，实在没有理由总是待在家里，一定要随时找机会出去游玩，在水边喝茶晒太阳摆龙门阵。

水景园林，是两宋时期成都这座城市很明显的特征，这也缘于良好的经济发展。由于两宋政权与北方辽、金等政权长期对峙，位于大后方的成都府相对安定，成为全国重要物资集散和财赋重地，因此具有“不与天下州府同”的特殊地位，得到了朝廷的特别重视，发展比较快。

在城市建设方面，两宋时期主要是对城墙进行增筑，比如程戡、范成大等就多次对成都罗城、子城进行较大规模培修。而范成大到任成都府后，就开始大规模搞街道改造工程，用砖来铺砌街道，这在成都是第一次。砖铺就的街道，不但干净整洁，对行人来说，也十分方便，特别是下雨天，就不用担心踩一脚的稀泥。这些大规模的培修，一方面增加了城市防御能力，另一方面也美化了城市环境。

而两宋时期成都城内的街坊设置，基本还是保持了唐五代时期那种里坊制的棋盘布局，但是，由于成都人天生的创新精神，这些带有桎梏性质的里坊规则被打破，突破了“坊”和“市”的界限，城里开满了店铺，各种稀奇的货物都有得卖，人来人往十分热闹，正如《全蜀艺文志》中对成都的描绘：“万井云错，百货川委，高车大马决骤于通逵，层楼复阁荡摩乎半空……奇物异产，瑰琦错落，列肆而班步……”

一个城市的基础建设、街道布局和经济文化的发展，是相辅相成的。正因为如此，苏轼在《大悲圣慈寺大悲国通阁记》中发出了“成都，西南大都会也”的赞叹。

但历史上的成都城，也曾遭到多次摧毁，到了南宋后期，四川成为朝廷抗击金兵和蒙军的基地。特别是宋元开战之后，成都陷入长达半个多世纪的战乱中。在1236年，蒙军攻占成都，对成都进行了报复性的破坏和摧毁，甚至放火烧城。此后，成都一直处于在毁与建之中，直到明代，成都的城市才得到真正意义上的重建。

也是在1286年，元政府设四川行中书省，治成都府，成都作为行省治地和首府的地位至此确立。而“四川省”这个称呼，也是从这时候开始的。

◎多知道一点

马可·波罗笔下的安顺廊桥

有水，必有桥。作为水景城市的成都，自然免不了有很多桥。比如有一千年历史的金河上，曾横跨有青石桥。《华阳国志》上说，青石桥在宋代还是我国官方木版刻书的发祥、集散地。

而在《马可·波罗游记》中，曾有对元代成都桥梁的记载，原文说："……川上有一大桥，用石建，宽八步，长半里。桥上两旁，列有大理石柱，上承桥顶。盖自端达彼端，有一木桥制顶，甚坚，绘画颜色鲜明。桥上有房屋不少，商贾工匠列肆执艺于其中。"有学者认为其描述的桥就是元代的安顺廊桥。

据文献记载，直到清代末期时，成都全城仍有桥近200座——九眼桥、万里桥、十二桥、平安桥、青石桥、半边桥、卧龙桥、玉带桥……拱桥、平桥、廊桥，石桥、木桥应有尽有。

第二节　茶马互市：让成都货通天下

◎看文物

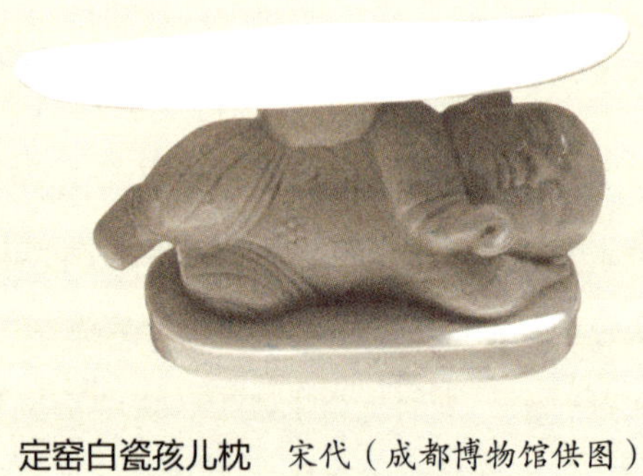

定窑白瓷孩儿枕　宋代（成都博物馆供图）

瓷枕是我国古代的夏令寝具，流行于唐、宋、元间，“孩儿枕”是瓷枕的一种样式，以定窑、景德镇窑烧制的最为精美。定窑是宋代北方著名瓷窑，窑址在现在的河北省曲阳县。这件在成都出土的“定窑白瓷孩儿枕”，正是当年成都经济发展繁荣、物资交流频繁的物证之一。

◎读成都

还在唐朝的时候，有一个要云游天下的四川诗人，出入四川的路上不胜艰辛，于是感叹了一句："蜀道之难，难于上青天！"这个诗人叫李白。话虽如此，人们其实也一直在想办法战胜"蜀道难"这个千古难题。比如在唐宋时期，成都的出川之路，还是有一定发展和改善的。

在四川的北边，唐政府对褒斜道的危险地段进行了修筑和加固。褒斜道，古代穿越秦岭的山间大道，算是四川从北面出川的主干道。往西北方向，则扩展了成都经都江堰、松潘前往西域的道路；西南方向，则开通了南方丝绸之路的清溪道段，恢复了西晋之后中断的往南诏的交通。另外一个重要的交通措施，则是以长江航运为主的水上航运得到了很大的发展。

而长江的水上航运，成为成都，乃至整个四川地区对外交流的重要通道。各种"成都造"经岷江进入长江，通过惊险的三峡，远销到长江中下游地区。反之，又将长江中下游地区的物产，如景德镇瓷器等运来成都。再加上与长江相连接的众多分支水路，陆路交通，可以说形成了一个

"长江经济带"。如此一来，长江航运与南、北等方向的陆路相连，形成了一张以成都为枢纽的交通和交流的大网。

景德镇窑青白釉双耳瓷瓶
元，成都地区出土
（成都博物馆供图）

正如现在四通八达的高速路和铁路，每时每刻都车来车往一样。宋代的成都，既然交通有了，自然生意人也就来来往往。整个唐宋时期，成都都汇聚了各方的商人，有长安的，也有金陵、扬州、广州等地的，甚至也有来自西域的商人。自然，成都的商人也带出货物出川去，北往长安、中原，东往长江东下游，南向云贵，西向吐鲁番等，搞起了大宗的长途贸易。甚至去边境地区搞外贸。比如宋神宗期间，广西钦州城外曾设了一个钦州博易场。博易场就是一个外贸市场，主要面对安南。而在这个市场，商人们运来蜀锦，是大宗贸易的重要商品。有文献记载说："唯富商自蜀贩锦至钦，自钦易香至蜀，岁一往返，每博易动数千缗……”运蜀锦过去，运香料回川，来去都是赚钱的生意。

在成都，也同样形成了各种市场。在唐代的时候，成都城内有东市、北市和南市三个常规性的专业市场，后来在城郊又有一些不大正规的“草市”。发展到宋代，因为商业发展的需要，就形成了不少的专业市场和季节性市场，比如蚕市，就成了规模很大的物资交易大会，药市也一年进行三次。特别是里坊制被打破之后，市民可以在临街的房屋开店铺。也就是说，整个城市都成了商业市场，变成了商业街，所以才会“万井云错，百货川委”，可以说店铺林立了。

当然，作为天府之国的成都，因为物产丰富，手工业发展迅速，绝不只是一个商品中转站，而是以自身的特产立足。比如当时很著名的茶马互市。

宋朝的时候，藏区牧民很流行饮茶，从贵族到平民，哪一天不喝就不舒服。但是藏区并不产茶。而四川在宋代是茶叶主产地，产量要占到全国的一半以上，成都是其中很重要的茶叶产区，主要分布在蜀州、邛州和彭州。北宋时期，成都府的茶叶产地要占四川的一半，且有不少的名茶。正因为如此，官府就在四川的黎州和雅州设立了专门的市场，以满足藏区茶叶需求。汉区和藏区的人们，就在茶马互市进行交易，用汉茶换取藏马。于是乎，包括成都所产在内的川茶，通过松茂古道经灌县、松州、甘南进入青海东南部，直至分运至西藏和青海各地。

所以，松茂古道又被称为“茶马古道”。因其是南方通往藏区的唯一商业通道，这也是“南方丝绸之路”的一部分。而作为南方丝绸之路起点的成都都江堰，在交易日那天就异常热闹，人们将大件的货物搬来搬去，放在马背上，然后成群结队地出发，充满希望地踏上前往藏区的山间道……

茶马贸易是官府组织的，所以规模十分庞大。宋朝官府甚至还在成都设了“都大提举茶马司”，专门管理这一事项。当然，茶马贸易，除了官营，民间私营的也不少。

成都另一项“外贸产品”，就是著名的蜀锦了。在宋代，这一项也是有增无减，为成都货通天下创造了条件。那一时期，成都生产的蜀锦，与苏州的苏绣、定州的缂丝，并称全国三大工艺名产品，是皇室、官僚贵族热衷的时尚消费品。因此，成都的生产动力也就更足了。朝廷在成都设了“成都锦院”“茶马司锦院”等，召集匠人专门为皇室、官僚和军队生产高品质的蜀锦。南宋的时候，因为连年与金国打仗，朝廷缺乏军费，于是在成都成立了三个锦场，促使蜀锦增加了很大的产量。后来又新创锦院，使规模更大，花色品种也更多，蜀锦生产和消费都盛极一时。

而在唐朝时成都的手工业“强项”，包括瓷器、印刷、造纸等行业的持续兴盛，都为成都在两宋时期成为“贸易之城”立下了汗马功劳。所谓栽下梧桐树，自有凤来仪。而有了这些名贯天下的“成都造”产品，自然也吸引了无数精明的商人前来……

整个两宋期间，手工业和商业成为成都发展的主要原动力。而另一个成都敢为天下先的发明，也在这熙来攘往的繁盛贸易中，悄然酝酿，即将改变整个世界！

◎多知道一点

茶叶也由官府专卖

众所周知，历朝历代盐都是官府专营专卖。而茶叶，也曾经是这样的待遇。自唐代，官府就开始对茶叶实行专卖制。而到了宋代，茶叶成为普通百姓的日常消费品，一时产量大增，于是官府将其作为了一项重要的财政来源。官府设置了一个“榷货务”的机构，规定茶农所生产的茶不得私自出售，只能通过一定渠道卖给官府，然后再由官府卖了“赚外汇”，或者分销给商人。当然，商人想要做茶叶生意，得先去“榷货务”交钱。到了北宋末期，还搞了一种更严格的专营制——茶引制，可谓变本加厉。

在官府专营专卖的把持下，茶叶价格居高不下。而老百姓私卖茶叶，又会被打击。对茶叶的官府专营制度，其间有过一些方法上的改变，但直到清朝咸丰之后，这一制度才在真正意义上得以结束，实行民间自由经营。

第三节 纸币发源：成都人方便“买买买”

◎看文物

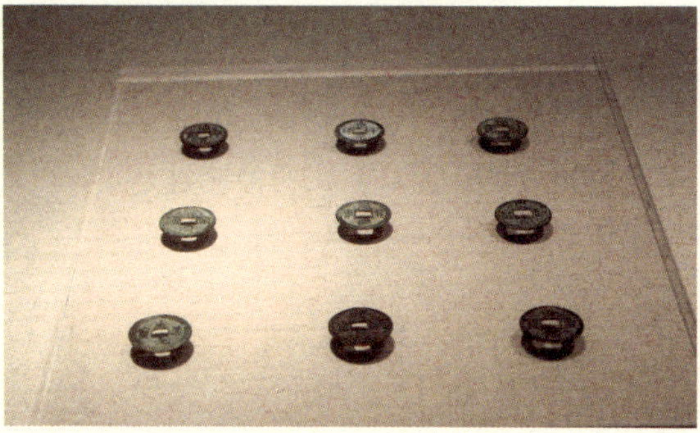

北宋铜钱
北宋，成都地区出土，崇州市文管所藏（成都博物馆供图）

汉代开始，四川就有铜、铁钱并行制度。四川地区是宋代实行特殊货币管理政策、唯一的铁钱专用区。由于物价飞涨，铁钱过重，交易不便，引发了新的问题……

◎读成都

说起买买买，现在的人都很方便。逛街的，带个小钱包就可以了。或者干脆带个手机，刷微信和支付宝就行了。连宅在家里的人，也可以在网上下单，不用直接给钱，也能买回东西来。可是，在宋代，一种叫“交子”的纸币流通之前，成都人上街买买买，是一件很辛苦的事情。

交子的起源，原因有很多种，铁钱过重不方便交易是其中之一。在货币的使用方面，宋代是一个比较奇葩的时代。按朝廷的规定，货币的种类很多，包括铜、铁、夹锡、金、白银等等，但在各个地区，使用的货币又不一样，但主要还是以铜钱为主。而四川，就是唯一个铁钱专用区。

我们能想象一下，铁钱最大的特点是什么呢？那就是重。那时候，大的铁钱，每千钱二十五斤重，中等的也有十三斤。而在宋代初年发行的铁钱中，有一种每枚重一钱的，但是购买力很低。有人测算，说买一匹罗需要两万个钱，有一百三十斤重……想象一下，做生意的人，到处买货卖货，得需要带多少钱出门？后来铁钱贬值，情况就更严重了。可以说，根本就造成了生活的不便和极大的负担。想一想，要是普通人家的女子想逛街买买买，要是没仆人帮忙背钱，估计走一趟啥都买不成。

所谓物极必反。这种情况之下，一定会发生很大的变化。

而早在唐代，就产生过一种名为“飞钱”的汇兑券。一些商人因为不能直接带钱出京师，于是把钱交到各道驻京的相关机构，取得凭证，回本地合券取钱，称为“飞钱”。这其实是一种汇兑制度，不算货币。但它给了人们一个启示。另外，宋代还有一种“钞引”。因为茶、盐这些由政府专营专销，商人要运销这些产品，就必须得到政府发的这类产品的证券，名茶引、盐引，统称“钞引”。这个当然也不能算货币，只能说是一种跟钱有关的凭证。

而“交子”的出现，最早也不是钞票，而是一种存款凭证。所以说，“飞钱”和“钞引”可以视作“交子”的前身。

北宋初年，有成都的商人发现，来往客商都请了脚夫，挑着大量铁钱四处奔走，极不方便，于是发现了商机。赶紧找了几个相熟的富商朋友来喝茶，商量之后一拍即合，就搞起了一种帮忙保管现金的“交子铺户”。即商人把现金交付给铺户，铺户把存款数额填写在用楮纸（楮皮所做之纸）制作的纸卷上，再交还存款人，并收取一定保管费。这些铺户还在各地搞分店，各家又搞起了联营制，专事经营现金保管业务。这样一来，商人在这个地方把钱存进去，就可以到了目的地再把钱取出来。不但减少了搬运铁钱的劳动力，还提高了安全性。当然，这件事的成功，也有赖于交子铺户的信用保证，这就提高了交子可信度。于是，一些商人买货付款时，干脆就不去交子铺户提取现金了，而是直接拿交子券来直接付款。这时候，交子实际上已经充当了货币的角色。

商人都是精明的。在经营现金保管的过程中，有的交子铺户发现，其实只要不把人家存的钱都拿去花掉，风险并不大，因为那么多存款，是可以拿来周转投资挣更多的钱。于是，交子铺户对这项业务更来劲了，并开始印制一种统一面额和格式的交子，直接向社会发行，充作了流通的货币。这时候，交子已经成功变身成为正式的流通货币了。而交子铺户，则变身成了“银行”。

当然，任何事情火到一定程度，就带来了隐患。由于交子业务有利可图，很多有实力的富商都加入了进来，因此鱼龙混杂。假钱——伪造的交子出现了，而一些交子铺户因为投资不善，钱没有及时收回来，造成无法兑换……后果很严重！交子的信誉被透支，开始走下坡路。

也就在这时候，一直关注着民间商贸活动的朝廷，决定出手了！因为他们认为，成都人发明的这种“交子”，对经济交流的促进作用是非常明显的。于是，益州知州张咏出手，先是对交子铺户进行整顿，打击违法商户，然后挑选了16户富商专营交子。这相当于朝廷正式认可了交子的流通。到了1023年，朝廷决定垄断交子的经营和发行，并设立了益州交子务，以本钱36万贯为准备金，首届发行“官交子”126万贯。有了朝廷的担保，交子的信誉度得到了重振，无法兑换、贬值等等问题都不用再担心了。

交子，一种真正意义上的纸币，也在此正式形成。交子是中国最早由政府正式发行的纸币，也被认为是世界上最早使用的纸币，比美国（1692年）、法国（1716年）等西方国家发行纸币要早六七百年。

当然，后来宋朝政府也因为军需而超额发行，导致交子贬值，只好废止了。但使用纸币的观念已经形成。到了元代，政府进一步完善了纸币制度，并进行统一推行，金银和铜钱都不许在市场上流通。而马可·波罗在中国见到元代纸币后，在《马可·波罗游记》里作了记载，欧洲人这才了解了纸币。有专家认为，最早于1661年在瑞典发行欧洲纸币，就是因为受到中国的影响。

当然，可能有人会觉得奇怪，为什么世界最早的纸币会出现在成都，难道仅仅是因为铁钱太重不方便携带交易吗？难道铜钱就不重？金子和银子不重？难道其他地方的人一点都不嫌逛街“买买买”很麻烦吗？其实，成都成为纸币发源地，还有以下两个原因：一是成都造纸术很牛，二是成都的雕版印刷术很牛。而这两个原因，都是能成功发行纸币的关键。

前面我们说到，成都在唐代就已经是全国的造纸中心了。到了宋代，成都造的纸不仅仅闻名天下，还生产出了世界上最早的水纹纸。在各大富商设计“交子”的过程中，还造出了交子专用纸。而在印刷术方面，成都在唐朝时就很厉害了，还创造了“西川印本”的品牌。宋代时，蜀刻印本更是享誉全国。

有了这两项在全国领先的技术，成都最早印制的交子，就采用了统一质地统一颜色，设计了漂亮的图案——“印用屋木人物”，并用朱、墨两色套印……感觉跟现在的纸币比较接近了。再加上各家交子铺户盖上的隐秘押字，相当于防伪标记。一张完美的纸币，就这样在成都诞生了。

◎多知道一点

椒子街是交子诞生地吗?

都知道交子诞生于成都，于是有人就开始考证，这交子到底是在成都哪里印出来的。而在成都东风桥的一端，有条老街，曾经名叫“椒子街”。于是就有人认为，所谓“椒子”，其实是“交子”的讹传。宋代时，众多交子铺就在这条街上，所以交子就是从这里诞生的。而在那一片区，现在街头还有“交子”的介绍，还有居民小区干脆取名叫“交子社区”。说交子就诞生于“椒子街”，目前并没有直接证据。另外，也有人考证，说最早的交子，出现在通锦桥旁的万佛寺（宋代叫“净众寺”）附近。

但不管怎样，交子诞生于成都，这倒是铁定的事实。

第四节　蜀刻品牌：宋代川版图书名冠天下

◎看文物

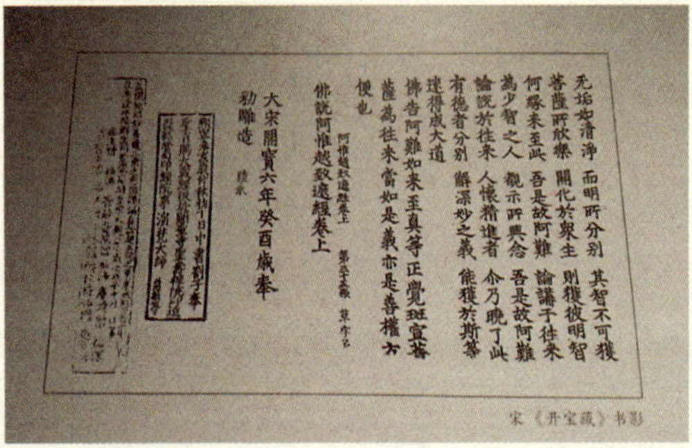
无垢如清淨　而明所分别　其智不可獲
菩薩所欣樂　開化於衆生　則獲彼明智
阿彌來至此　吾是故阿難　論議于往來
為少智之人　觀示所興念　吾是故阿難
論說於往來　人懷精進者　介乃曉了此
有德者分别　解深妙之義　能獲於斯等
速得成大道
佛告阿難如來至真等正覺班宣菩
薩爲往來當如是義亦是善權方
便也
佛說阿惟越致遮經卷上
大宋開寶六年癸酉歲奉
勑雕造

宋《开宝藏》书影

《开宝藏》书影　宋代

北宋官刻《大藏经》，由成都雕版工人历经12年完成，共计13万多块经版，全套经书共计5048卷。是我国第一部印行的佛经总集。

雕版印刷工具（帚子、擦子，仿制品）
（成都博物馆供图）

雕版印刷，是先将木材锯成木板，再把要印的字写在薄纸上，反贴在木板上雕刻成阳文。印书的时候，先用帚子将墨刷在雕版上，再将白纸覆上，用擦子在纸背上擦一下，把纸取下，就印好了。一页一页印成之后，再装订成书。

◎读成都

前面我们才说到，宋代的蜀刻印本享誉全国，因此也促成了交子的印制发行。所谓“宋时蜀刻甲天下”，这可不是说大话。宋代的成都，是世界性的印刷中心，出版印行的图书更是数不胜数。用现在的话来说，在宋代，“川版图书”也是一个品牌。

两宋以前，成都雕版印刷已经十分超前。五代时期的成都，甚至出现中国文学史上第一部雕版印刷的个人作品集，即贯休的《禅月集》。到了宋代，已经有活字印刷了，但雕版印刷仍占主流。成都和扬州是全国最大的雕版印刷地。

雕版印刷，首先体现在刻版技术。当时成都雕版方面出人才，这事儿连宋太祖赵匡胤都知道。宋太祖开宝四年（971 年），朝廷决定官方刻印《大藏经》，于是宋太祖安排敕命大臣高品和张从信，专程到成都来监督雕刻《大藏经》。这是当时的一个大工程，整整花了 12 年时间，雕刻完成了 13 万多块经版。这些印版被往到京师印刷，全套共计 5048 卷。这部《大藏经》又被称为《开宝大藏经》或《蜀藏》，是我国第一部印行的佛经总集。而这部《蜀藏》还是宋代朝廷的“国礼”，多次在对外文化交流中作为礼品，赠送给朝鲜、越南、日本等国。

这件事，只是宋代成都作为雕版印刷中心的一个工程。到了南宋的时候，成都还刻印过 1000 卷的《太平御览》，也是官刻。附近的眉山，则刻印过《册府元龟》《宋书》《魏书》等，都是大型的国家“出版项目”。

川版图书这么受欢迎，是有其原因的。一是刻、印技术俱佳，二是纸张好，三是校勘严谨。

先说刻、印技术好。成都雕刻的印版，很有自己的特点，字体比其他版本的大，字体多用颜体，肥劲朴厚，加上刀工很好地保持了原书手笔的气韵，所以印出来很优美。而在排版方面疏朗大气，字大、行间距和字间距离也较大，印出来的字墨如土漆，因此蜀刻本又被人们称为“龙爪本”。

再说纸张好。早在唐代，成都的造纸业就天下闻名，生产的益州麻纸是官方指定用纸。到了宋代，高质量的成都楮纸，成了印刷交子的专用纸，相当于现在的“印钞纸”。

然后就是书籍印刷很重要的一点，即校勘。这一点，成都的印刷从业者做得很好。比如“官刻”的《太平御览》1000卷，经学者李廷允的精心校勘，校正三万八千余字，使这些书籍质量得到了保证。

除了官刻，成都还有私刻，有家宅刻书和书坊刻书。而书坊刻书就相当于民间书商和印刷厂，有的干脆编书刻书卖书一条龙。但正因为如此，成都的刻书市场，也是鱼龙混杂，有的书坊做的书质量好，成了品牌，于是成了一些奸商“山寨”的对象，印制起了质量低劣的仿冒书，相当于“盗版书”。这对认真做书的书坊来说，就不公平了。这些书坊在刻印时，从校勘、板质到字画、刻工、用墨和纸张都很讲究，结果被仿冒品给侵权了。于是，一些书坊开始在书籍上印上书坊的名称，和不准翻刻的声明文字，相当于版权声明和出版单位的署名。《东都事略》里面就有“眉山程舍人宅刊行，已审上司，不许复刻”的字样。这些措施，一定程度上保证了优质产品的声誉，维护了蜀刻本的品牌效应。

当然，一个地方出版业这么发达，绝不是简单的手工业先进这么简单，还跟当地的文化发展程度、文化氛围有关系。反过来，出版业又会对社会的文化发展进行影响，相辅相成。

在宋代，成都地区文化氛围很浓郁，对书籍的消耗很大，众多文化名人更是留下很多美文。文学方面，比如北宋散文家苏洵、苏轼、苏辙父子，“三苏”在唐宋八大家中独占三席。苏家在眉山，但苏轼年轻时就经常到成都来游玩，常去的地方有大慈寺和玉局观，留下不少诗文。而陆游 1169 年入蜀，1178 年出蜀，在川九年历任夔州通判、蜀州通判等职，创作了大量诗词，如《成都书事》中说：“大城少城柳已青，东台西台雪正晴……”陆游还专门记载了邛崃生产的省油灯，而省油灯是当时读书人夜读的必备品。

曾写出“昼出耘田夜绩麻，村庄儿女各当家。童孙未解供耕织，也傍桑阴学种瓜”（《田家》）的范成大，是南宋中兴四大诗人之一，曾任四川制置使、成都知府。在成都期间，他不仅组织大规模搞街道改造工程，首创成都用砖铺砌街道的历史，还编修了成都地方志《成都古今丙记》10 卷。

另外，如魏了翁（成都蒲江人），田况（曾任成都知府）、吕陶（彭山人，曾任成都路转运副使）等众多本地及宦游、流寓的文人，在成都也写下很多美文。

两宋时期包括三苏、周敦颐、程颐及其张栻、度正、魏了翁等著名人物，以宋代新儒学为主的巴蜀地区的学术派别，被称为“蜀学”。到了南宋，“蜀学”超出了巴蜀地域，成为有全国性影响的重要思想家和学派。而以成都为代表的西蜀地区，更是治史名家辈出。如成都新津人张唐英著有《蜀梼杌》10卷，成都崇州人吴缜著有《新唐书纠谬》，成都华阳人范祖禹著有《唐鉴》，都是很重要的史学名著。以范成大等为代表撰写的成都地方志，也是两宋时期的一大特色。还有药学名家、成都人唐慎微，花了多年心血，编成《经史证类备用本草》，影响极大，李时珍的《本草纲目》，就是以这本书为蓝本编撰。

整个社会对文教事业的重视，文化氛围的浓郁，与出版业互相影响，使成都在两宋时期文化教育的普及和发展达到新的高度。可惜南宋末年，四川在数十年的战火中遭到严重破坏，雕刻艺人也因此四散逃走，大量珍贵的蜀刻印版和书籍散失。而“蜀刻”这一品牌也走向了没落。

◎多知道一点

魏了翁创办的蒲江鹤山书院

魏了翁（1178年—1237年），邛州蒲江（蒲江县）人，21岁就中了进士，是南宋著名的理学家、思想家和教育家。1210年，魏了翁回乡于蒲江城北白鹤山下创办鹤山书院后，前后两次主教书院，共约四年半的时间。后来，蒲江鹤山书院数次毁损又重建，至清末民初，书院改为蒲江县高等小学堂。现蒲江县蒲江中学，即沿革于“鹤山书院”。

目前，国内有多座鹤山书院，大多跟魏了翁密切相关。由魏了翁亲自创办的鹤山书院包括四川蒲江鹤山书院、湖南靖州鹤山书院、四川泸州鹤山书院和江苏苏州鹤山书院四座。

第五节 游赏宴饮：宋朝“休闲成都”这样耍

◎看文物

江南馆街街坊遗址宋代铺砖街道路面

宋代，成都江南馆遗址出土（成都博物馆供图）

2007年至2008年，在成都市江南馆街街坊遗址发掘中，发现宋代铺砖主道4条。此段路面为局部。成都博物馆以此道路为基础，设计制作了“三月蚕市”微缩场景艺术品，表现宋代成都大慈寺旁的春季蚕市场景。

◎读成都

都说成都是“休闲之都”，成都人在勤劳之余，很懂生活，会享受生活，这是有历史渊源的。

成都有“天府之国”的美称。自秦汉以来，成都就十分富庶。说成都有千里沃野，蔬菜、水果、稻米等食物丰富，所以大家没有对灾荒的担忧，少有愁苦，因此比较喜欢游玩。考古人员曾在新津发现一个汉代的地灶的遗迹，这个灶砌在野外（旁边没有房屋遗迹），有人猜测是汉代人踏青野炊留下的。可以想象，2000年前的成都人跟现在的成都人一样，到了春天就心花怒放，看桃花赏梨花，在山坡上弄烧烤，且歌且酒不亦乐乎。到了隋唐时期就有文献称，成都人“多溺于逸乐”。而到了宋代，成都经济继续繁荣，《全蜀艺文志》称成都“游赏之盛，甲于西蜀”……直到现在，成都仍有“休闲之都”的美称，一年四季都爱玩，赏花摘果游江看雪，根本停不下来。

而宋代的成都人，不但喜欢玩，还玩得有路数，玩出了花样。

话说当时的成都，一年十二个月，每个月都有好几种游玩的项目，比如正月里有初一拜塔和游寺，初二则去东郊扫墓、郊游，正月十五是上元节，自然要去看灯。而二月有小游江、青羊宫花会，三月要登山，四月则是大游江，五月去大慈寺买香药兼逛街……根据一些统计表明，成都全年共有 20 次定期的游赏活动。而游玩的地点，从城里到城外，从市集到乡村，有逛市集、逛庙会，也有登山和游江。再不济，就在家里摆宴请客，一边喝酒一边看歌舞，或者喝茶下棋消磨时光。《全蜀艺文志》里说“（成都）俗尚嬉游，家多宴乐”。

更多的时候，成都人将游玩和宴饮结合在一起。就像现在春天去龙泉驿看桃花一样，亲朋好友一起赏了花，一定还要找个农家乐吃喝一顿，乘兴而来尽兴而归。除了民间有这个爱好，官方也是如此，到了节庆的时候，就摆起宴席饮酒作乐，以至于让人给举报，告到朝廷去了。

成都人到城外的玩法，主要以踏青和游江为主。跟现在一样，每到踏青时节，成都人一窝蜂全出城去了，“郡人游赏，散在四郊”（费著《岁华纪丽谱》）。而春日则游西郊浣花溪，说是纪念杜甫和浣花夫人，实际上搞得特别热闹，纯粹是找个游玩的借口罢了。后来官府也参与进来，搞成了大型活动项目，分小游江和大游江两季。

小游江在二月初二，从万里桥出发，前面吹打着乐器，载歌载舞开道，后面则是官员和贵宾坐在十来艘彩舫上，一直游到宝历寺。两岸则全是围观的民众。

大游江则在四月十九，地点在浣花溪上。这一天，成都人倾城而出，男男女女都把自己打扮得漂漂亮亮，戴上金簪或玉佩等首饰，在铜镜子前照了又照，这才出了门。先去拜了冀国夫人（即浣花夫人）祠堂和杜甫故宅，再到浣花溪上坐游船，一边看风景一边宴饮。据记载，大游江中，太守也要参与，还要观看诸军骑射、水嬉、竞渡等娱乐项目。可以说，大游江就是由官府组织，民众参与，以拜浣花夫人和杜甫为名义的大型郊游聚会。

在城里面，则多以逛市场、逛花会和逛夜市为主。比如成都博物馆里设置的“三月蚕市”微缩场景艺术品就有再现。成都的养蚕业和丝织业历来繁盛，蚕市也是历史悠久，而且在宋代尤其兴旺。蚕市原本是设在大慈寺附近的专业性市场，主要以交换蚕种、桑种、养蚕工具和丝织品为主，但慢慢被成都人玩成了“节会”，市场上还有酒馆和美食摊点，表演杂耍的也来凑热闹……大概跟现在的博览会差不多，完全成了成都民众的游艺娱乐项目。这让我想起一个网络流行语，叫“城会玩”，呵呵。

“尚想锦官城，花时乐事稠”，曾在成都待过的大诗人陆游，一想起成都的春天就心花怒放，天天有人约，玩都玩不过来。而花朝节，就是这一时段很重要的节会。这一天，青羊宫就成了花市的集中地，摆满了各种花卉和花苗，人们一边观赏一边购买。买了回去插在花瓶里，让家里也充满了花香。宋朝的成都人，插花也是一种时尚生活。所以，起源于唐宋时期的青羊宫花会，是成都城里很出名的游乐活动之一。

成都人喜欢逛夜市，大概也在宋代开始兴盛。北宋时期，成都的城市格局已经突破了里坊制，可以说满城皆市。而政府又撤销了夜禁制度，不再限制营业时间。一些生意人借机开始了夜间营业。尤其是一些商业集中的街区和娱乐场所，就慢慢形成了通宵营业的夜市。

夜市内容丰富，什么稀奇古怪的玩意儿都有。除了美食摊点，还有古董玩器、旧书、玩具、帽子和首饰等杂货，除了没有“祖传贴膜”这种时代特点的东西，大概跟现在的夜市也相差无几。夜市是城市生活区别于农村生活的一个显著特点，所以说，成都是当时的西南都会，绝不是虚言。

上元节即为“元宵节”，这一时节的灯会，也是让宋代的成都人为之疯狂。早在唐朝的时候，成都的元宵灯会已经相当热闹，有在街上流动的狮灯、龙灯和车灯，还有道灯、佛灯和水灯，把全城搞得灯火辉煌，热闹非凡。

到了宋代，由于地方官员的提倡，成都灯会搞得更热闹了。元宵节灯会，从正月十四到正月十六，要连续搞三天，非常热闹。陆游说成都灯会：“突兀球场锦绣峰，游人仕女拥千重”，知府田况则形容说：“人声震雷远，火树华星稠”，那真是人山人海灯火灿烂。

从上面这些宋代成都人的游赏活动可以看出来，成都人确实喜欢耍，而且会耍。而这一切，当然前提是勤劳。就是说，勤劳的成都人很善于劳逸结合，一边努力创造着财富，一边又快乐地去把它消耗掉。如果成都人没挣着钱，又拿什么去花呢？

而另一方面，宋时的成都官员，对这些游赏活动提供了重要的支持。几乎所有的大型活动，地方政府都参与其中，或倡导或支持。因此，参与者也从官方到民众，无论男女和老少，无论城乡和僧俗，都兴致盎然地参与其中。以至这种劳逸结合的精神，至今仍传承于成都人的骨子里。这大概也是城市与人文，自然与人类在成都和谐、协调发展之一面吧。

◎多知道一点

宋朝人的象棋有多少枚棋子？

象棋，对于现代人来说不陌生。但宋朝的成都人，又是怎样下象棋的呢？成都博物馆里展出了一套宋代的青铜象棋子。这套青铜象棋子共计30枚，由成都市文物考古队于2016年，在成都天府新区万安镇的一个宋代砖室墓发现。墓主人的随葬品不多，但这套象棋子引人注目。考古人员推测，他应该是一个象棋爱好者。但是，与现代象棋相比，这套青铜象棋子少了2枚。究竟是宋代的象棋就是这个样子，还是遗失了，尚待研究。

青铜象棋子 宋代，成都华阳出土（成都博物馆供图）

第五章

明清生死劫：一座城市的毁灭与重生

第一节　气度不凡蜀王府，和故宫相媲美

◎看文物

左图　龙纹琉璃滴水
明代，成都四川省展览馆出土（成都博物馆供图）
右图　凤纹琉璃滴水
明代，龙泉驿区十陵镇出土（成都博物馆供图）

蜀王府的修建极为考究，费用远超预算，这是北京皇宫的翻版，只是规模略小，“非壮丽无以示威仪”。建筑材料也极为考究，费时长达8年。

◎读成都

元朝时的成都，其样貌大体仍是宋代之旧，中间虽有临时修葺，但变化不大。

明代成都设大城。洪武四年（1371 年），四川平定，即着手增筑新城，高垒深池，成都按照省城的城市规模修建。这只是恢复成都城市的起步阶段。

随后的成都市开始修筑成都的基础设施如城隍庙等等。又辟五门，门各有楼，门外筑月城、后塞小西门，余四门月城，各建庙宇一座，如今的西月城街，当是旧时地名的遗留了。

明代的成都，最为显著的变化是修建蜀王府，也就是后来所说的皇城。然而，这皇城跟蜀汉时刘备称帝没有半毛钱的关系。若追踪历史，这里也是前后蜀时的皇宫。花蕊夫人曾写过一百首宫词来描写它的繁华胜景。

1378 年，朱椿被封为蜀王，两年后他到了成都。在大城中修建蜀王府是从 1385 年开始的。成都城分为内、中、外三重城垣。蜀王府，也被称为“皇城”。

在成都市博物馆的明代展馆，我们可以看到蜀王府建筑构件及模型，能遥想明代蜀王府之盛景。

建成后的蜀王府气象宏大，是明代藩王府中最富丽的一座。其位置在前后蜀皇宫旧址中心，填摩诃池的大部为地基，严格按照明代礼制，仿皇宫布局建造而成。李劼人先生曾考证，蜀王府的大概位置是，北起骡马市街，南至红照壁街，东到西顺城街，西到东城根街。恰好是在城中心内占了个大长方形地方，面积达三十八万平方米。

蜀王府有两道城墙，里面一道在御河内沿，正南有三洞城门，一座名“端礼门”，上有两重城楼。李劼人在《成都是一个古城》说，当明朝时这中间有十几殿，很多崇楼杰阁，还有比往昔小一些的摩诃池。外面一道墙名夹墙，只有东、北、西三面用以隔绝平民百姓。内城之外，夹城之内为花园。

蜀王府之外设萧墙，周围九里，高一丈五尺。南为棂星门，门之东有过门，南临金水河，为三桥九洞以度。萧墙设有四座城门：东体仁，西遵义，南端礼，北广智。

这萧墙，南边在东西御街一线，东边在顺城街一线，北边在羊市街、玉龙街一线，西边在东城根街一线。城内的端礼门前有水横带，甃月池为洞，铺平石其上。在蜀王府的萧墙里面有菊井，其位置在旗纛庙东南的架库东边，是当时的成都八景之一，号曰“菊井秋香”。明代的潘伯驹《菊井》曰：“蜀国秋香秋气清，黄花古井溢金精。餐芝岂是长生诀，饮水能消吐纳经。彭泽赋归惊紫艳，龙山醉舞傲红英。

何如深殿飞琼液，一碧沉沉有地灵。”

不过，在明朝中叶，蜀王府还是发生了变化：有一位蜀王还越前夹城范围，修建了一些别馆，今天在西顺城街南段之东已变为中心菜市场的安乐寺，和北段之东处在鼓楼南街，今天已改为交通所和商业所的一部分的太平寺便是一例。南面端礼门之外，原有拱桥三道，跨于御河之上，再南又有大桥三道，跨于金河之上两侧。在道路的两边是为居民的居所。当时东御街口上有鼓吹亭和虎啸亭，1952 年修建人民南路始发现二亭石基。大三桥之南有长达 20 余丈的影壁一座，故此街称为“红照壁”。

关于蜀王府的情况，也有诗歌写到过，且给以极高的赞誉。临济宗高僧楚山绍琦在天顺年间，曾经被蜀和王诏见。他因此得以一睹“这座仙境般的梦幻宫殿”。他在一首《进谢蜀和王殿下》的诗中写道：“召见彤亭沐宠光，衲衣何幸近天香。琪花瑶草殊凡境，玉殿琼楼越净方。藩屏圣明齐日月，赞扬佛化固金汤。深惭林下无由报，愿祝尧年一瓣香。”

万历初，明代大地理学家王士性曾描述过见到蜀王府的情况：“宫阙、卤簿，视我朝廷不啻半之。”可见当时的蜀王府气度是何等的不凡。

在万历末，曾到过蜀王府花园观赏牡丹美景的曹学佺在诗里写道："锦城佳丽蜀王宫，春日游看别院中。水自龙池分处碧，花从鱼血染来红。平台不到林间日，曲案时回洞口风。尽道今年当大有，何妨行乐与人同。"

李劼人曾考证明代成都人的生活情况：成都人口也并不多，城市并没有宋时大，城内除了蜀王府占去一大片地面外，东城一个大慈寺就有九十六个院落，西城一个圣寿寺就占去少城南面的一大半，北门除了武担山和文殊院外，东北角还有一个绝大的益州书院。此外，官署也大也多。而为人民居住处和商场所用的地方很少。限于体制，平民百姓的房子大都是平房，没有高楼。以此估计，在明朝算是复兴了的成都，它的人口也不过十万上下，顶多十五万罢了。这个人口数量，也真是历史上最少的时期吧。

明末，张献忠在成都称大西王，以蜀王府为王宫。后来他移居城外中园（今华西坝），再后来他率军撤离时进行了彻底的毁坏和焚烧，蜀王府于是就在张献忠一把"连月不绝"的大火中化为废墟。清代的葛峻起《过明蜀王故宫》曰："宫墙遗址郁嵯峨，回首风烟感逝波。建制依然同象魏，分茅从此割山河。参差碧瓦留残照，寂寞荒榛带女萝。帝子只今何处在？轩车惆怅一经过。"那可真是美丽的哀愁。

1655年，“蜀王府”的旧址改成了“贡院”，成为全省考试举人之地，最大规模时可让一万三千九百多人同时进考，成为“巴蜀文胆之所在”。贡院中主体建筑为“明远楼”和“至公堂”，皆沿南北中轴线建造在“蜀王府”宫殿旧址上。东西两边则为鳞次栉比的考棚。

然而，这“贡院”建筑群比不上“蜀王府”那样宏大，但其整体空间组织，仍延续着“蜀王府”的威仪：“从红照壁开始，乐亭、表柱、三桥、石狮等传统宫殿区前面的序列，仍使人感到有肃杀之气。”这里所延续的即是蜀王府的气象了。

李劼人先生在小说《大波》里写过这个蜀王府的变迁：“光绪二十八年（1902年）废止科举，开办学堂，三年才热闹一回的贡院，也改作了弦歌之所。从前使秀才们做过多少噩梦，吃过多少辛苦的木板号子，拆得干干净净，使明远楼内至公堂下，顿然开朗，成为一片像样的砖面广场。部分房舍保留下来，其余都改修为讲堂、自习室与宿舍。到辛亥年止，光是贡院的部分，就前后办了这么一些学堂：留东预备学堂、通省师范学堂、优级师范选科学堂、通省补习学堂、甲等工业学堂、绅班法政学堂、通省师范附属高等小学堂，以致巍峨的皇城门洞外，长长短短挂满了吊脚牌。而且就在皇城门洞两边，面临两个广大水池，背负城墙地方，还修建了两列平顶房子：西边的叫作教育研究馆，东边的叫作教育陈列馆。”

不过，随着历史的演变，整个蜀王府也是几经变迁，在民国时，却未发生重大的变化。1966 年开始的“文化大革命”使得“皇城”彻底走向消亡。1968 年，仅存的明代“蜀王府”城墙及城内明、清两代的古建筑群被大部分拆毁。1969 年，“皇城”遭受到了最致命的一击：皇城门楼、“明远楼”“致公堂”等最后的古建筑被拆除。1970 年，“皇城”的护城河“金河”“御河”被填平用以修筑地下防空工事。蜀王府也就成了历史陈迹了。

这里还要说一说东华门街遗址曾出土大量明代陶俑、精美的明代金器、玉器、瓷器，体现了明代成都的繁华。这跟明代的蜀王多有关系。史料记载，蜀王崇儒重道，热心公益，“以礼教守西陲”，在四川发挥着安邦惠民的积极作用。

所以说，明代的成都才能较前代更为美好，新都杨慎（杨升庵）家族之所以能成为明代成都文化的代表，与此有着极大的关系。

◎多知道一点

地下王府

明蜀王陵是位于成都市龙泉驿区十陵街道正觉山麓，以僖王陵为中心散布的10余座明代蜀府诸王及王妃墓葬，形成了一处类似北京十三陵的著名王陵墓葬群胜迹。明蜀王陵再现了地上王府的奢侈与豪华场景。这些陵墓的发现，对于了解明代藩王陵寝制度以及建筑、雕刻艺术等方面，都有十分重要的意义。

现在，已发掘了僖王陵、昭王陵两墓。僖王陵于1979年经考古发掘清理，出土了500多件彩釉兵马俑、舞乐俑等珍贵文物。地宫全长28米、宽8.96米、高6.59米，仅恢复后的阶梯就达14米。其后殿正壁中心镶嵌的圆形镂空描金彩釉双龙盘堪称明代艺术珍品，昭王陵中一对仿朱元璋之人头龙为全国之绝。而西陵较王建墓（永陵）更显雄伟，较北京十三陵更为精美，其雕刻之精美，书法之刚劲，地宫之富丽，陵墓之集中，被誉为中国古代帝王陵中最精美最集中的地下宫殿。

第二节 民间手工艺：来自明朝的气质

◎看文物

明哥釉带盖八棱瓷执壶
明代，成都地区出土
（成都博物馆供图）

明代，成都物产丰富，民间手工艺繁华，我们可以通过这些来看成都平常百姓的市井生活是多么有滋有味，这才是明朝人的格调。

◎读成都

成都到了明代，重新恢复了繁华生活。无论是地方官还是藩王，都十分重视城乡生活的发展，川西的物产十分丰富，单是水稻，粘谷15种，糯谷10种，蔬菜则多达数十种，而药材则有115种，“货殖丰茂”。所以，明代的成都商业网络非常完善，这得益于传统农业迅速恢复，为手工业提供了丰富的原料，为市场提供了丰富的物品。同时，这也给成都人生活带来了便捷：成都本身就是商业市场，而城乡商贸则是互动的。虽然说此时由于海洋经济的发展，成都在全国城市群中的地位有所下降，但作为西南区域中心城市，也还是保留着实力和地位。

明代时，国家颇为注重“复汉官之威仪”，不仅强调要在官僚体制、礼仪方面要这样做，在传统文化上也是如此。所以，薛涛蜀笺作为成都的名物，虽然在宋元战争后遭受打击，但也还保留了些许技艺。这时制造薛涛笺是由蜀王府主持，是献给皇帝做贡品，制造蜀笺的地点也不再是薛涛时的地址百花潭（浣花溪），而是东门外的望江楼。望江楼里有薛涛井，井底与江水相通，水清淳不枯竭，蜀王府在井上建一小亭，“每以三月三汲水造笺二十四幅，以十六幅进御，余不尽，以上巳造也”。虽然此时的薛涛笺不再有昔日胜景，明人还是感叹“价太高”了。

成都早就是雕版印刷基地，在明代更是得以进一步发展。成都在全国刻书业中属于中上地位，在西南地区领先，修地方志次于云南。这得益于成都出产刻书的原料十分丰富，保证了印刷质量。成都出的书具有版本精良、印工考究等特点。这些无形中促进了成都的文化典籍的保存和文化传播。杨慎家族在新都生活居住，之所以成为书香世家，与此有着莫大的关系。

明清时的八大商业都市当中，有京、杭、苏等地，成都不再榜上有名。传统蜀锦、蜀绣丝织业均趋向衰落，而江浙则迅速崛起，一跃成为全国织造中心。不过，成都的工商业也还是有自己独特的个性，最具特色的还是工艺美术产品，“蜀锦、蜀扇、蜀杉，古今以为奇产”。传统金银器、漆器、琉璃、瓷器均有不同的进步，而最精美的工艺品，则常常作为贡品。

在成博明代馆中展出了成都独具特色的手工制品，其中不少是作为女性饰品出现的，如玉镯、金耳环、带链金饰件、玉扳指等等，金耳环就有蝙蝠累丝金耳环、累丝金耳环、花形金耳环等类别，发饰、冠饰则多达8种类型，作为头饰的品种数量就更为繁多，可见成都女性的审美风尚是有着时代潮流的，也说明了成都人对日常生活用品的态度是欣赏的。这些手工艺品，做工精细，说明成都的手工艺人的技艺高超。

在这些形形色色的手工艺品当中，比较有特色的是聚骨川扇，陈三岛在《川扇》里写道："险绝蚕丛地，由来宫扇传。大都白帝竹，尽用锦官笺。出匣风初转，垂纶月半圆。人间遗玉柄，犹是汉宫年。"川扇在历史上是唐宋的时尚，明朝的贡品，当时生产聚骨扇，除了苏州产的，"惟川扇称佳"。当时进贡的川扇，精美典雅，品种很多，"其华灿则宜艳女"，绘有"正龙、侧龙、百龙、百鹿、百鸟之属"，是宫廷最为喜欢的，如果流入民间，"尤贵重可宝"。

成都的瓷器在明代保持很高的制作水准，在成都博物馆陈列的瓷器当中，大致分为两种：

一是陈设器具，明代的陈设器具有的用于祭祀礼仪，有的用来装饰居室，其种类宏富，形态各异，通常成组成对出现。成都地区的陈设瓷器最为常见，另有珐华、青釉、绿釉、白釉、蓝釉、青白釉等品种。而器类则有瓶、罐、觚、香炉、烛台等。明代人崇尚插花艺术，则居室里常常可见瓶花，成都人对插花、园林也多有研究，因之，这类也是生活中所常见的瓷器。

二是饮食器皿，明代成都地区上层社会所用的饮食器皿，多为来自外地名窑的精美瓷器，其中以江西景德镇生产的青花瓷器最为常见。另有部分白釉、哥釉、蓝釉和青白釉瓷器，主要类型有碗、盘、碟、盏、壶、瓶等，纹饰变化多样，大方美观。不过，老百姓使用的则是本地所生产的陶瓷器，如成都琉璃厂窑，生产规模很大，占地 340 余亩，所制青瓷器除了满足成都人的需求之外，还远销省内外。在成都博物馆可以看到青花花草纹瓷器、青花寿字纹瓷器、青花花叶纹瓷器、青花日字纹瓷盘等，展现出成都不同的瓷器文化，这些都是成都人最常使用的瓷器，也是和成都的气质相吻合的。

当时还有青羊宫出土的瓷器、邛窑出土的瓷器和新津出土的瓷器，这三者构成了成都瓷器的主要类别，在器形、釉色、纹饰、图案等方面风格一致，却又有细微的差别。比如说青羊宫的碗，深腹、口微敛，小平底足，器身有莲花瓣纹等特点。

其他如酿酒、制茶在明代也有很大的进步。如水井坊遗址的挖掘，显示这里晾堂三层数十处，酒窖 8 座、灶坑 4 座、灰坑 4 个、灰沟 1 条，蒸馏器基座 1 处，说明这里是成都酒的产地之一。蒸馏酒技术在成都的推广，是能够满足成都人的生活需求的。这时的制茶工艺出现了“炒青”，与元代之前的“蒸青”不同。成都茶石因之十分繁盛。有蒙山茶、峨眉茶、青城茶、夔门春茶……明代的时尚风气虽以江南为著，但成都与此相比也是毫不逊色的。那是因为成都有富庶的经济作为基础，加之好享乐，自然能在日常生活中发现许多美好之处。

对生活在成都的人来说，这些都是明朝气质的最佳体现。

◎多知道一点

成都市场知多少

成都作为消费城市，由来已久。在明代，按月开市的旧俗也得以恢复。历来，在成都有三市，蚕市、七宝市、药市。每年都举行，其中蚕市以清明、七宝市以七夕，药市以重九。除此之外，还有皮革市、纱帽市、玉器市、钱纸市、猪市等，这些专门市场按商品进货路线或销售渠道自然分布全城，形成完整的商业网络。

在经营方面，成都的商业发展是商号开设手工作坊，以自产自销为主，如栏杆、铜器、金银器、玉器等商号就自有店铺和作坊。这种独特的生产方式随着商业社会的到来而消失了。

其中最著名的是大慈寺，万商所聚，行医卖卜、市集游乐，无所不有。比今天的太古里丝毫不差。

第三节 成都大劫，一座城的消失

◎看文物

左图 银锭

明末，四川省彭山县江口镇出土（成都博物馆供图）

右图 “大顺通宝”铜钱

清初，成都市区出土（成都博物馆供图）

◎读成都

明代的成都，依然是天府之国，老百姓安居乐业。就在明朝末年，成都很不幸遭遇到一段非常的历史。这跟一个叫张献忠的人有关。

张献忠这个人，相貌奇特，曾干过各种行当，甚至还当过捕快。后来趁着陕西大旱，就揭竿而起，拉起了队伍。

在多年的征战中，张献忠由于十分具有军事才能和经营头脑，迅速成为一方军队的头领。明朝军队多次予以打击，他均侥幸脱险。

1640 年，张献忠率部入川，随后又入鄂中、湖广等地，中原大地遭受巨大的责难。1644 年，再度入川，节节取胜。

8 月 9 日，张献忠率军攻入成都。11 月 16 日，自立为帝，国号大西，称成都为首都，改名“西京”。从此，成都的历史被改写了。

在大西政权建立之后，张献忠设置左右丞相，六部尚书等文武官员。命“汪兆麟为左丞相，严锡命为右丞相”。以王国麟、江鼎镇、龚完敬等为尚书。大西政权颁行《通天历》，设钱局铸“大顺通宝”行用。开科取士，选拔三十人为进士，任为郡县各官。此时，整个四川都在张献忠的手里。

这“大顺通宝”铜钱、银锭在成都博物馆有藏。1975年4月和1976年2月，在成都望江楼公园附近的锦江靠岸处和市郊永丰公社的农田里，先后出土了两批，每批重十几公斤的大顺钱币。

大西政权所使用的“大顺通宝”是将抄没官府、富商的铜器和寺院中的铜像熔化之后，铸成的铜钱。不仅如此，它还禁止民间私藏金银，充实府库。规定凡文武官员家有窖金而不纳者，允许其家中的奴仆告发，给以重赏。拘绅袍富室大贾，罚饷银皆以万计，少亦数千。这样，就使整个老百姓的生活日益艰难。

从这些挖掘出的“大顺通宝”铜钱、银锭之上，我们感受到的不只是岁月的沧桑，还有一段让人难忘的故事。

大明王朝当然不会允许有人在自己的地盘称帝。于是，双方以四川为战场，打起了拉锯战。不仅如此，张献忠还与李自成部在汉中争夺地盘。

大明王朝内有乱，外有清人作战。不幸的是，大明王朝因崇祯皇帝的自杀而走向结束。清军入关，一个新的王朝时代开始。

张献忠在成都盘踞，日子过得舒坦，笙歌曼舞，似无更高的人生理想。当清军来时，请其归顺朝廷，自然就发生了冲突。

岂知，清军并非大明军队，而是虎狼之师。加之明朝军队的抵抗，地方绅士的不信任，大西军的困境很快就显现了出来。

张献忠的梦想一下子受了挫。其心理也就逐渐走向扭曲，就着手杀戮其治下的老百姓。最早一批是以“开科取士”的方式将四川的读书人集中于大慈寺，再一一收拾。再一次是成都城破，张献忠屠成都城，史料记录：“坑成都民于中园，杀各卫籍军士九十八万。”“日惟焚毁城内外民居及各府署、寺观，火连月不绝。惟蜀府数殿累日不能焚，后以诸发火具充实之，乃就烬。其宫墙甚坚，欲坏之，功力与砌筑等，不能待而止。”

大西军撤离之后的成都一片荒芜，蜀王宫室也毁坏殆尽，成都人也被一一斩杀，“成都府治自季汉以来古迹，逮明太祖所颁藩封图书彝器，至是皆尽”。后来，清政府派到成都的官员，见曾经繁华一世的成都如此狼藉，只好将地方政府暂时搬迁到阆中。12 年之后才迁回成都，这可真是一次前所未有的大劫难。

后来也有史家认为，成都屠城事件是清军干的。这与其说是为张献忠辩白，倒不如说是想掩盖一个真相：张献忠的起义，是因为怀有某种理想呢，还是由于个人欲望的膨胀？

张献忠占据成都之后，虽然也采取了一些措施，想着安居一方，但残酷的现实，即老百姓的民心没有得到安抚，反而是被变本加厉地剥削。这样的统治方式对成都人来说，就是一种暴政。虽然打心里不服，可这也是没有办法的事，张献忠一旦垮台，各地就纷纷出现了杀死派驻官员的事件。

作为农民起义代表的张献忠，按道理说，他应该更多地兼顾老百姓的利益。但他率部一路东征西战，是流寇的做法，到了一个地方，首先是将官府和士绅的钱财都抢去，这固然是为满足其部队的需要，但仅仅是这样吗？我们从锦江藏宝中就可以看出他的目的，不过是想自己做皇帝。

在成都锦江一带，有歌谣唱道："石牛对石鼓，银子万万五，谁人识得破，买尽成都府。"不只在成都有这样的歌谣，在彭山县江口镇、龙泉驿的百工堰、重庆均有这样的歌谣传唱。那是因为有一个流传了300多年的张献忠锦江藏宝之谜。

1939年初，历时3个月，有专人在锦江望江楼公园一带寻宝，虽然挖到刻有"张"字的石条、石牛、人骨，以及大西政权的货币"大顺通宝"，但并未发现所谓的"巨额财宝"。2009年11月5日至8日，中央电视台播出《寻找迷失的宝藏》节目，探寻张献忠的藏宝，但终究一无所获。

到底锦江是不是藏有宝藏？谁也没准确答案。尽管有一些史书记载有这么回事，但多语焉不详。所以，藏宝之说一直只是一种猜想。

而关于张献忠的藏宝地还有一种说法，是在彭山县江口沉银。近年来，考古队将其藏宝地点锁定在江口镇。

上世纪 50 至 90 年代，岷江河滩上偶尔发现被水冲刷出的零星文物。

2005 年彭山县引水工程在江口镇岷江河道内进行施工过程中，挖掘机在距地表深约 2.5 米处挖出一圆木并从中散落 7 枚银锭。

2011 年，在岷江河道取沙石过程中，出水了大量的文物。包括有金册、银锭、西王赏功金币、西王赏功银币、银发簪和大量碎银等。

后来，这个“疑似”沉银处被命名为“江口沉银遗址”，其保护范围为东西各至河堤，南至岷江大桥，北至府河、南河交汇处，面积 100 万平方米。

2017 年 1 月 5 日，在此处的水下考古发掘正式启动；经过 2 个多月的发掘，3 月又传来好消息，超过一万件的出水文物，证实了“张献忠沉银”这一流传了 300 多年的传说所言非虚。

◎ 多知道一点

中园的消失

在今天的华西坝，明时有蜀王的外圃，旧时有梨花千余株，皆老树。前后蜀时有老梅卧地，被称为“梅龙”。张献忠撤离成都前，彻底破坏了六个月，将人民和军队一起带走后，城内城外就全光了。中园也消失了。1646 年—1659 年，成都一片荒芜，城内只有野兽而无一个人的踪迹。

第四节 湖广填四川，再造成都

◎看文物

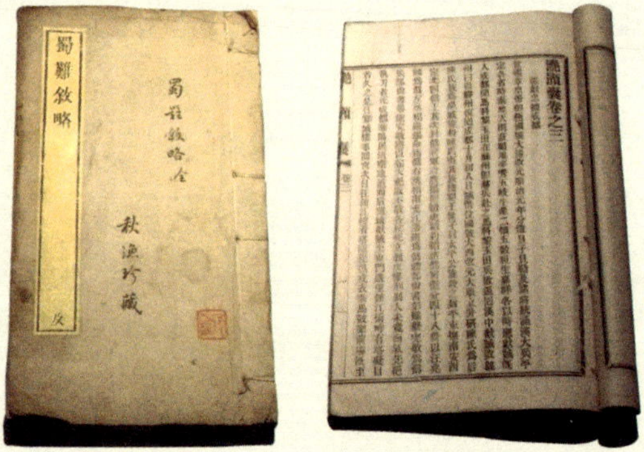

左图 《蜀难叙略》 沈荀蔚著
右图 《滟滪囊》 记录张献忠屠成都

◎读成都

经营了200多年的成都，在明末时也没能远离战火，说到最切实的记录，不能不提沈荀蔚的《蜀难叙略》。

沈荀蔚，字予凌，授四川华阳县县令，崇祯十五年五岁时随父至四川华阳县上任，适值张献忠农民军入川，张献忠屠蜀，沈父与城共存亡，而沈荀蔚则在四川各地躲避战祸长达20多年，到康熙四年（1665年）始归故里。

这本《蜀难叙略》，现在成都博物馆里藏有一册。它是研究明末清初四川历史的第一手材料，同时也是张献忠屠蜀的最有力证据。这也是发生"湖广填四川"的前因。

清朝初年，成都人口锐减、田地荒芜。在这样的背景下，清政府就有策略地组织了湖广填四川的大移民。晚清时的学者傅崇矩曾在《成都通览》里的《成都之成都人》里写道：

明末张献忠入川，已屠戮殆尽。国初乱平，各省客民相率入川，插占地土，故现今之成都人，原籍皆外省也。外省人以湖广占其多数，陕西人次之，余皆从军入川，及游幕、游宦入川，置田宅而为土著者。

倘若把成都人按籍贯分，大致如下：湖广籍，占25%。河南山东籍，占5%。陕西籍，占10%。云贵籍，占15%。江西籍，占15%。安徽籍，占5%。江浙籍，占10%。广东广西籍，占10%。福建山西甘肃籍，占5%。

这里所说的即是当时移民的情况。这次大移民是从康熙年间开始的，一直延续乾隆时期，涉及范围广、人口多。这次移民潮中最早到成都的是陕西人，然后才是各地的移民，以填补四川人口的缺失。

移民在成都所从事的职业是多种多样的，有工、商、贾等等行业，在百废待兴的成都，经过移民们100多年的辛勤劳动，成都又再现“天府之国”的风貌。在成都这座城里，更是各地移民汇聚在一起：“大姨嫁陕二姨苏，大嫂江西二嫂湖。戚友初逢问原籍，现无十世老成都。”

不过，正是由于此次的移民使成都变成一个和睦相处的移民社会。作家艾芜曾在小说里写到其家族从湖北迁到新都清流场的情况，为什么要移民过来？原因有很多种，“也许是因为在家乡吃不起饭，才到了这里。”祖母说：“不能乱说。”至于移民是不是像家谱说的那样呢？“谁也说不清楚。”

移民的具体情况到底是怎样的，今天我们是无法知道的。但我们知道的是，正是这次移民才造就了今天的“天府之国”。

关于这次大移民，流沙河先生曾写文章说：“许多人和我从前一样，不知自身之为移民后代。他们见自家的父辈祖辈都有知识文化，就以为出身于“书香门第”，遂忘了清朝初年背着破麻袋，担着烂棉被，晓行夜宿，跋涉在湘西入川路上的“一世祖”，这真不应该啊。”

在众多移民当中，湖广、广东等省移民来自水稻产区，其中最突出的就是东山客家移民。这里说的东山是包括新都、金堂、简阳、双流、龙泉驿在内的浅丘陵区。

最早研究客家移民的钟禄元说：“在当地望族如廖，范、钟、张各姓之族谱中，记载颇为详明；其入川动机，徙族谱及其传说看来，不外三点：一，前清雍乾间粤东连年灾荒；二，明末张献忠残破四川后，田园荒芜，资源弃地。三，仰慕巴蜀之富庶。所以在清初康雍乾间，客人由粤东陆陆续续地率眷西上，到川后，又先后在川东南各县垦殖，继之再迁，始到蜀北，开基立业，到现在，这儿肥沃的丘陵地所住居的人，95%以上都是由粤东迁来的。”

在成都博物馆里，藏有不少此时移民的家谱、族谱，通过这个大略知道移民的过程：客家人第一代移民是迫于生计，才背井离乡投奔他省的。而东山客家多是来自于广东东北地区，在古代这里是交通闭塞的深丘陵区，地旷人稀，生存环境很差，正是由于这个原因，所以在移民到东山时，就停了下来（当时的东山也是荒芜之地，成都人很少去这里）。就这样逐渐成了东山客家人的聚集地。

随着第一批客家人的创业成功，后续来川移民的数量也就持续增加。不过，这后来的客家人更多是因成都有良好的就业环境，容易成家立业、发财致富而来，这就像一股“淘金热”，吸引着更多的人参与。

东山的客家人渐渐地形成了独特的客家文化，他们有自己的方言、习俗、建筑，与成都其他地方的人迥异。所以西方人拜士克说：“客家人是中华民族的精华，好比牛乳上的乳酪似的。”

客家人的到来，给成都的经济、社会发展做出了巨大贡献。在农业方面，他们引进了优良物种，红薯、玉米、南瓜、番茄、洋芋、洋白菜、四季豆等都是客家人带来的。成都的物产较以往更丰富了。

他们大多具有传统商业的观念，懂得“用贫求富，农不如工，工不如商”的道理。也可以说，他们就是这样在成都一步步扎根、做大，终究在成都拼出一片天地。这也可以从客家人在洛带的会馆看得出来。虽然说此时的成都也有各地会馆，如陕西会馆：“会馆虽多数陕西，秦腔梆子响高低。观场人多坐板凳，炮响酬神散一齐。”但对传统文化保留最好的还是客家人。这在客家人传唱的歌谣里，就有大量保持传统的习惯，如劝友爱歌：

家务想顺遂，先要兄弟姊嫂能和气，阿哥惜老弟，年年有田卖。老弟敬阿哥，年年好事多。大嫂惜小郎，年年有钱长，小郎尊大嫂，年年赚元宝。弟兄和气家不分，代代都有好子孙。姊嫂和气家不败，子子孙孙福气大。

如戒懒惰歌：

冬瓜花，南瓜花，花谢结成瓜。瓜大把钱卖，人大要勤快。有钱不勤会落，毛钱不勤毛食住。

这些歌谣把客家人的特点也唱了出来，有言传身教的效果。

◎ 多知道一点

客家人里的“土广东”

成都人有句老话：“四川108县，县县都有土语。”说的是四川人的来源复杂多源。民国时，“只要步出成都东门外牛市口，就可以听见那种语言。”这里所说的语言就是客家人的方言。

成都通行的语言是标准的西南官话，其他川东、川北和川南的语言，也基本上与成都话大同小异，都属北方话系统。然而，有些成都居民，常常可以听到一种声调、发音和词汇都很奇特的方言。操这种方言的人，成都人叫他们为“土广东”，以区别于操粤语的广东人。

第五节　满城与少城，成都的新生

◎看文物

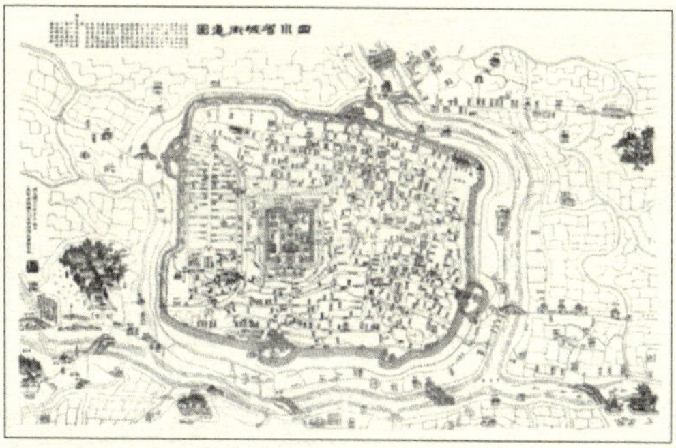

四川省城街道图　光绪二十年（公元 1894 年）

◎读成都

城市秩序的建立，常常是在和平时期，一旦发生战争或动乱，城市秩序必然会出现混乱。在成都，同样如此。

然而，城市秩序的维护及其发展，依靠的常常并非是平民百姓，而是有赖官员对城市的治理和管理能力。这也决定了一座城市的发展方向。

在经历过动乱之后，成都非常幸运地遇到了有卓见有能力的执政者，才让这座城市有了绵延不绝的自我更新能力。

明朝末年，四川同样卷入战火当中，尤其是张献忠在四川的烧杀抢掠，让这座“天府之国”饱受战争之苦。

顺治三年（1646年），成都城被焚毁后，“千里无烟，无所设施”，省治暂时搬迁到阆中。沈荀蔚《蜀难叙略》说：“丁亥（顺治三年），杨展设四镇于成都，分葺瓮城居之。”

顺治八年（1651年），“时成都城中，绝人迹实五六年，惟见草木充塞，麋鹿纵横，凡市廛閭巷，官民居址，不可复识。诸大吏分寓城楼，盖前四镇所葺者也”。

1649年至1651年，四川巡抚张德地等官员开始修复成都城垣。东南北枕江，西背平陆，城高三丈，广一丈八尺，周围长二十二里三分，计四千零十四丈，垛口五千五百三十八，东西距九里三分，南北距七里七分，敌楼四，堆房十一。此时的成都城门分为四座：东曰迎晖门，南曰江桥门，西曰清远门，北曰大安门。

1659年，四川省会从保宁府迁回成都。至此，四川省会在阆中已有 12 年。这是成都最灰暗的日子。

不过，城市尚未完全恢复。成都再次遭遇战火。康熙十三年（1674 年），吴三桂率部占领四川，攻占成都。这是一个八年抗战的时期，成都已十分荒芜，官署皆无存，比如学使署、按察院都已经是荒废已久无法居住，来往官员不得不在民居寺院中居住。方象瑛在康熙二十二年（1683 年）奉命典试四川，“入东门亦五署院，僦民宅以居。”对此时的成都他有切身的感受：“蜀都周五十里，异时人物繁富，号锦城，张献忠据蜀已去之秦，尽烧公私庐舍，屠其人凡数十万，自浣溪至新津山积水不流。今通衢瓦房百十余所，皆诛茅编竹为之。西北隅则颓墉败砾，萧然惨人，其民多江楚陕西流寓，土著仅十之一二耳。赋额大县不过五十金或一二十金，甚至四五金，人亡土芜，目中未所见招徕生聚，故未易也。”这时的成都好像是一夜回到了解放前。

乾隆四十八年（1783 年），四川总督福康安又再次重修成都城垣，四门城楼高达五丈。历时两年彻底修建了城墙。修后的城墙顶宽四丈，上有宇墙，城墙下设压脚石条三层，以及在城上满建廊庑，这是防止雨水破坏城墙设施。城楼东为博济、南为浣溪、西为江源、北为涵泽。嘉庆年间《华阳县志》曰：“其楼观壮丽，城堑完固，冠于西南。”

这是大城修筑的情况，同时，城内的街道、桥梁逐渐重建，河道也得以疏浚。成都的名胜古迹也陆续重建，比如乾隆时重建杜甫草堂，嘉庆时重建武侯祠，光绪时建造望江楼。同时学校也陆续重修，如乾隆时为纪念明代文人宋濂建潜溪书院，道光时建墨池书院，同治时张之洞建尊经书院等。成都就是如此这般地逐渐恢复自己的样貌。

经过康熙、乾隆年间的两次重建和扩建，一座宏伟的成都新城又屹立在两江环抱的旧城址之上。这个费时 120 年重建的成都，比以往更为阔气。

在成都博物馆有一张光绪时期的“四川省城街道图”，查看当时的街巷，不少已消逝了，但有的街巷还是保留了下来，成为现在的成都雏形。

然而，到了鸦片战争以后，随着重庆的门户开放和川江航运的开辟，成都在四川和西南的地位逐渐被重庆所取代而渐趋衰落，但成都也正因如此，文化上显得相对保守，城市经济生活虽不是特别繁荣，却也逐渐形成独特的城市个性。

这里不能不说满城——此乃成都的城市新景观。在康熙五十七年（1718 年），按照当时的四川巡抚年羹尧的设想，八旗兵丁及其家属长驻成都，以防御和镇压汉人和边疆少数民族。他的这一设想很快得到朝廷的回应。于是，就在成都城内西南部新筑一城，成为城中之城，供八旗官兵驻扎，这已是乾隆初年的事了。吴好山有《竹枝词》可以佐证："满城城在府西头，特为旗人发帑修。仿佛营规何日起，康熙五十七年秋。"

此城名为满城。后来这里也被成都人习惯地称为"少城"。少城面积多达四里五分。

满城位于大城内西南，但原来的规模不足以容纳八旗士兵。乾隆二十九年（1764年），时任四川总督的阿尔泰请求为新到八旗官兵修筑营房4842间，而原有的区域不堪使用，需购买地基，展修城垣、除满城西南隅空地，可盖房2000余间外，阿尔泰希望在满城北门之西，西南隅城墙处将满城城墙向外扩建，以建营房。这样一来，满城就愈加增大。

考察满城，其西侧的城墙即为大城城墙，以今日之角度看，即为同仁路、西较场一线。从西城墙北侧起，往东沿今日西大街、八宝街一线，止于八宝街东口、青龙街西口，即为北城墙。城墙向南，沿老东城根街直至半边桥街，为东城墙。其中的东门街东口到祠堂街东口一段，乃是利用原明蜀王宫之城墙，砖又大又厚，城墙高两丈余，比其他段城墙要高出五六尺。满城的南侧城墙，即为沿君平街、小南街至西较场一线。

满城共有五座城门，东面的北首为大东门，名迎祥门，南首为小东门，名受福门，北门叫延康门，南门叫安阜门，而西门还是沿用大城的叫法，称为清远门。满城里的街巷井然有序。

雍正《四川通志》里记录："每旗官街一条，披甲兵丁小胡同三条。八旗官街共八条，兵丁胡同共三十三条。"（胡同后来增建至四十二条）。

以长顺街为界，西侧四条官街为：正黄旗——仁德胡同（西马棚街）；正红旗——甘棠胡同（实业街）；镶红旗——右司胡同（西胜街）；镶蓝旗——永发胡同（蜀华街）。

东侧四条官街为：镶黄旗——广德胡同（东马棚街）；正白旗——都统胡同（商业街）；镶白旗——左司胡同（东胜街）；正蓝旗——永济胡同（今人民公园内）。

从满城里的这些街道分布看，长顺街俨然如鱼的脊背，几十条胡同分列东西，俨然若鱼刺。然而，若是从空中俯瞰，整个少城布局如同一只蜈蚣，将军衙门是蜈蚣头，一条长顺街是蜈蚣身，其余兵丁胡同是蜈蚣脚。

李劼人先生在小说《死水微澜》里记录了满城的生活："每日吃了饭后，便从西御街走进满城的大东门。果然是一道矮矮的城墙之隔，顿成两个世界：大城这面，全是房屋，全是铺店，全是石板街，街上全是人，眼睛中看不见一点绿意。一进满城，只见到处是树木，有参天的大树，有一丛一丛密得看不透的灌木，左右前后，全是一片绿。”“在满城里，则你走完一条胡同，未见得就能遇见一个人。”满城里的人，“男的哩，多半提着鸟笼，捞着钓竿，女的哩，则竖着腰肢，梳着把字头，穿着长袍，靸着没后跟的鞋，叼着长叶子烟杆，慢慢地走着。”咸丰年间的一首竹枝词这样写成都：“鼓楼西望满城宽，鼓楼南望王城蟠，鼓楼东望人烟稀，鼓楼北望号营盘。”可见此时的成都是怎样的城市生活景象。

大城与满城生活的截然不同，也有《竹枝词》为证：“满洲城静不繁华，种树栽花各有涯。好景一年看不尽，炎天武庙赏荷花。”这样相差极大的城市生活是当时的行政管理权限所造成的，一旦这种权限被打破，城市功能的区分也就减弱，如此就使城市迈入到平民时代。

清代成都“三城相迭”“两江环抱”的城市格局的独有特征，至今没有改变。1913 年，拆除满城，与大城合二为一。李劼人先生说：“变得顶厉害的是把一个近二百年的极为幽静的吕银地区变为个极不整齐、杂乱而不好整理和改建的住宅区。”此后，关于清朝的遗迹就逐渐地在成都现实生活中消失了。

◎多知道一点

九里三分的由来

在成都的生活里，我们听到说“九里三分”是成都的别称。有人说这是成都的城市周长。成都没有那么小。清朝时的《成都县志》说成都城：“东南北枕江，西背平陆，高三丈，厚一丈八尺，周二十二里三分，计四千一十四丈；垛口五千五百三十八；东西相距九里三分，南北相距七里七分。”原来这就是“九里三分”的由来。清代的成都城市和今天的成都很相像。

后 记

成都是怎样的一个城市？有老外说是熊猫遍地走的城市，也有人说是偏远之地。然而，对多数人来说，只有了解成都的过去，才能读懂成都。

说起成都的荣誉，每年都有不少，在2016年，成都获批加入中国大古都的行列。大古都需要具备这样的条件：

第一，城市必须“有地位”。城市的地位就是指古都必须曾经是中国历史上主流王朝或政权的都城。第二，城市建都“时间长”。从时间上看，入选“大古都”的城市应该建都时间早，而且有着较长的作为都城的历史，这个时间一般应在200年以上。第三，城市规模大，影响力强。从城市的遗存规模上讲，作为“大古都”应该有相当大的城址规模，同时有着持久的影响力。第四，城市辐射性强。从辐射性上讲，古都其遗址上或近旁存在后续城市，而且应该是国家级或较高级别规格的区域性政治经济文化中心。

三千多年来成都创造了无数的传奇故事。文物是历史的见证，默默地讲述历史故事。从文物的视角来观察成都的发展，就更具有时代感。因之，“看文物，读成都”就成了看成都的新方式。

随着对成都历史文化遗迹的不断挖掘、整理，刷新了我们对这座城的认识。

在《九天开出一成都》这本书里，我们将成都历史划分为不同的时间段，以相应的文物来清晰地讲述历史是如何演进的。比如成都的创世纪发生了怎样的故事，武侠小说里的成都是真实的吗？甚至于成都人的由来，凡此问题都可以在书里找到些许答案。

虽然说，在逛书店时，我们会看到不少有关成都历史文化的书册，它们以不同的方式呈现成都历史的侧面，但仔细观察，不难发现还是缺少针对青少年的读本，即以通俗易懂的方式来讲好成都故事，尤其是在强调传承城市优秀文化的今天。现在，三位长期关注成都历史文化的青年作家林赶秋、杨不易、朱晓剑对此做出了有益的尝试。

《九天开出一成都》共分为五个章节，这与成都人尚五的观念有关，也意在传递成都人的不同生活。其中，第一章、第二章由林赶秋撰写，第三章、第四章由杨不易撰写，第五章由朱晓剑撰写，最后全书由朱晓剑统稿而成。

在写作这本书的过程，我们频繁出入博物馆、图书馆，查询史料，力求在书里传递更多的成都故事。当然这不是成都的一部通史，而是对成都历史、文物的书写。此外，我们在写作时参考了很多前人时贤的著作，由于体例所限，不便注明，一并致谢。

这里也要感谢成都时代出版社为《九天开出一成都》付出的努力，成都博物馆为本书提供的部分精美图片以及成都博物馆研究员王瑛、黄晓枫对图片的审定。没有大家的通力合作，是很难有这本书的出版的。

2017 年 2 月 28 日